你不是糟糕的父母

自我关怀让育儿更加高效

[美] 卡拉·瑙姆伯格 著
Carla Naumburg

张玉亮 译

YOU ARE
NOT A SHITTY PARENT

北京联合出版公司
Beijing United Publishing Co., Ltd.

图书在版编目（CIP）数据

你不是糟糕的父母：自我关怀让育儿更加高效 / （美）卡拉·瑙姆伯格著；张玉亮译. -- 北京：北京联合出版公司, 2024.5
　　ISBN 978-7-5596-7479-1

　　Ⅰ.①你… Ⅱ.①卡… ②张… Ⅲ.①家庭教育—通俗读物 Ⅳ.①G78-49

中国国家版本馆CIP数据核字（2024）第045019号

YOU ARE NOT A SH*TTY PARENT: HOW TO PRACITICE SELF-COMPASSION AND GIVE YOURSELF A BREAK by CARLA NAUMBURG, PHD
Copyright © 2022 by Carla Naumburg, PhD
This edition arranged with Gillian MacKenzie Agency LLC & The Marsh Agency Ltd through BIG APPLE AGENCY, LABAUN, MALAYSIA,

Simplified Chinese edition copyright © 2024 by Beijing United Publishing Co., Ltd.
All rights reserved.
本作品中文简体字版权由北京联合出版有限责任公司所有

你不是糟糕的父母：自我关怀让育儿更加高效

[美] 卡拉·瑙姆伯格（Carla Naumburg） 著
张玉亮 译

出　品　人：赵红仕
出版监制：刘　凯　赵鑫玮
选题策划：联合低音
责任编辑：蒍　鑫
封面设计：末末美书
内文排版：聯合書莊

关注联合低音

北京联合出版公司出版
（北京市西城区德外大街83号楼9层　100088）
北京联合天畅文化传播公司发行
北京美图印务有限公司印刷　新华书店经销
字数136千字　880毫米×1230毫米　1/32　7.75印张
2024年5月第1版　2024年5月第1次印刷
ISBN 978-7-5596-7479-1
定价：52.00元

版权所有，侵权必究
未经书面许可，不得以任何方式转载、复制、翻印本书部分或全部内容。
本书若有质量问题，请与本公司图书销售中心联系调换。电话：（010）64258472-800

写给父母的话

你认为自己做得糟糕透顶,其实不止你一个人这么觉得。当今的育儿文化中充斥着不可实现的期望和无休止的要求,社交媒体也大肆宣扬着完美主义,所以你有这种想法也在所难免。这就是为什么卡拉·瑙姆伯格(Carla Naumburg)的这本新书正是作为父母之一的你现在所需要的精神食粮。作为畅销书《父母情绪自救指南》(*How to Stop Losing Your Sh*t with Your Kids*)的作者,瑙姆伯格告诉我们,优秀的父母立足于真正的自我关怀。这是一种简单又有事实依据的做法,它能够教会你怎样停止评判自己,并以理解和接纳的态度对待自己。实现自我关怀的策略——关注、共情、创新,以及仁爱——是让自己喘口气、拥有父母最佳品质的关键。相信《你不是糟糕的父母》这本书可以帮助你保持冷静、清晰地思考,减少你在育儿过程中产生的焦虑感和内疚感,增加你的创造力和自信心,最终让你和你的孩子都能够获益。

目 录

前言
我为何要写一本关于自我关怀的书 001
如果你真的是糟糕的父亲（或母亲），怎么办 010
我为什么要写一本关于你不是糟糕的父亲（或母亲）的书 013
自我关怀不只是良药，更是个积极的选择 018

第一章
糟糕的事情发生了，我们又让它变得更糟 023
这个荒诞的故事是对养育孩子的隐喻 027
第二支，痛苦之箭 029
第三支，否定与分神之箭 035
自卑之箭如何让养育子女变得更加困难、无趣 037
先天、后天和现在：为什么我们认为自己很失败 039
第二支和第三支箭如何影响我们的孩子 045

第二章

生活是一片海滩，让人抓狂　049

负反应：我们是如何崩溃的——战斗、逃跑、冻结、
抓狂、讨好、修复　057

第三章

自我关怀是你的秘密武器　063

哪些不是自我关怀　067

哪些是自我关怀　073

自我关怀的益处　075

四大好处：冷静、清晰、创造和自信　078

自我关怀如何帮助我们的孩子　081

第四章

自我关怀始于注意　085

为什么很难获得注意力　090

究竟该如何获得注意力　093

应该注意些什么　095

如何练习注意力　101

注意力对孩子有何益处　104

进阶注意力练习　105

第五章
你不是一个人：共情的力量　　107
为什么产生共鸣和心有灵犀会这么难　　110
共情是孤立的解药　　114
远离胡说八道　　125
棘手的情况　　129
共情有益于孩子　　132
进阶式关怀练习：和心理医生交流　　133

第六章
好奇：探索经历、改变生活的魔法　　139
好奇是臆断的解药　　143
好奇的作用　　147
如何保持好奇心　　149
好奇有益于孩子　　163
好奇心进阶练习：记录日志　　165

第七章
仁爱：你不是怪物，为人父母很难　　169
如何善待自己：善意的自我关怀之箭　　177
自我关怀的前四支箭：善意的自我对话、善意的故事、一心一用，以及设定界限　　178

后六种策略：啜饮、吃零食、拉伸和泡澡、依偎、
歌唱和看电视，以及睡觉 　　　　　　　　 188
仁爱对孩子的帮助 　　　　　　　　　　　　194
进阶式仁爱练习：仁爱冥想 　　　　　　　　195

第八章

如何关怀孩子 　　　　　　　　　　　　　　201

如果关怀能在让孩子放轻松上如此有效，我们为什么
不坚持呢 　　　　　　　　　　　　　　　　207
我们应该做的事：如何关怀孩子 　　　　　　210
关怀孩子最后一条至关重要的原则 　　　　　223
关怀孩子的进阶式练习：如果孩子惹怒你，你不要
发脾气，要以仁爱之心来回应 　　　　　　　224

第九章

结论：重点回顾，见证奇迹发生 　　　　　227

最重要的几点 　　　　　　　　　　　　　　230
见证奇迹的发生：记住四个缩写词，开启你的自我关怀
之旅 　　　　　　　　　　　　　　　　　　232
还有一些好书可以教你关怀自己和孩子 　　　234

前言

我为何要写一本
关于自我关怀的书

2020年春疫情来袭，世界仿佛按下了暂停键。我开始接到记者和播客平台的来电，想就我的书《父母情绪自救指南》采访我。接下来的数周、数月里，父母们试图在孩子居家学习和自己居家工作之间寻找平衡。然而，疫情生活下产生的焦虑感，甚至连上厕所的时间都没有的压迫感，让他们对待孩子完全失去了理智。

他们确实失去理智了。我们都失去理智了。

因此，我在这些访谈电话中谈到了父母们的失落，并尽可能多地提供建议和帮助。在每次采访的结尾，他们几乎都会问同样的问题："如果只能给父母提一条建议，你会提什么？"

这通常是对话中我最喜欢的部分，因为这样我就有机会切入我真正想说的话题：自我关怀。采访者很少问到关于关怀的问题，因为，嗯……有点奇怪。这个词听起来既悠闲又矫情，但是当坏事发生，感觉整个世界都在崩塌的时候，我们父母急需的不是这种自我感觉良好的胡扯。我们需要的是答案，是策略，是解决方案。

或者说我们就是这么想的。

但是大多数人没有意识到的是：自我关怀就是帮助我们找到解决方案和策略，或者说至少是渡过难关的最佳方式。有时候，我们如果足够幸运，不管发生了什么，都能找到解决办法。如果是这样的话，那么赶紧行动起来，并欢呼雀跃一下吧！毕竟这样的机遇可遇不可求。但大多数情况下，我们遇到的问题要么根本不是"你"或"你的家庭"的问题，而是一个无论你如何努力，都不能独自解决的公共或社会问题，这些问题甚至在任何层面上都是无法解决的。如果碰上这种情况，我们所能做的就只能是尽己所能，得过且过。

我对此一清二楚，但我也知道就算没有这可恶的疫情，一个仅三十分钟的育儿播客，也算不上是在合适的时间和地方来让我慷慨激昂地分享我的观点，对众多单亲家庭缺少儿童保育、医疗保健、心理健康治疗和必要的支持等问题发表高谈阔论。相反，我谈到了我们失去理智的原因，以及通过睡眠、简化生活目标和活动身体来帮助我们保持冷静的重要性。我知道有的措施很有效，但我也担心，每次我建议父母们应该改变做法时都好像在暗示他们：如果父母们在育儿中感到很吃力，那是因为他们做错了什么。

这与事实相去甚远。

我不是说父母没法做得更好。我们都能做得更好，因为这就是为人父母抚养孩子的责任。我只是说有些时候，需要告诉父母试着关心自己，这样他们才能更从容、更灵活地面对疫情等突发事件带来的混乱。这有点儿像因为一个并非他们造成的伤口而责备他们，然后又让他们纠结于应该使用哪种形状的创可贴，以及应该多久换一次。当然，如果你只有创可贴，你当然只会关注创可贴，这没有问题。但如果创可贴不能解决根本问题，我们也不能因此而自责。

我看着父母们一遍遍地重复着：为没能解决生活和育儿中难以解决的问题而自责；为没能每次都保持冷静而自责；为没能安排好孩子上网课而自责；为因照顾孩子而离职或事业停滞不前而自责；为没有足够的时间和精力照顾家庭而自责；为没让孩子加强锻炼，或者让他们沉迷网络而自责；为他们吃了太多、喝了太多，或者在网上买了太多乱七八糟的东西而自责……累得头昏脑涨、不知所措，甚至无法以自己想要的方式过一天，更不用说安心地育儿了。

这些问题不能只归咎于疫情等社会事件，父母们从一开始就面临着类似的挑战。好像无休止而又残酷无比的疫情，只不过是压死骆驼的最后一根稻草。

这就是我一直强调自我关怀的原因。我不可能给父母们留下又一个"应该怎么做"的建议。我知道太多的父母多年来一直经历着自我孤立、自我评判和自卑，现在已经无法自拔,我想给他们解药,让他们摆脱这些问题。所以我抓住时机,开始尽可能地向更多的人传播关于关注、共情、好奇和仁爱的信息。我想这多少会起到一些帮助作用。

虽然这确实有点作用,但对于父母们来说,事情仍在恶化。疫情防控政策逐渐放开后,我的一些猜想得到了验证:在长期的封控期间,孩子们在精神、情绪、身体以及社交方面都受到了伤害。虽然父母被迫在"糟糕"和"更糟糕"之间做出选择,但他们还是把孩子受到的伤害归咎于自己。他们将自己遭受的困境,和那些更有钱、更有资源、工作时间更灵活、学校体制更好、更有机会获得儿童保育和医疗保健的父母进行比较,想知道自己为什么比不过他们。

感觉自己是个糟糕的父亲(或母亲),这不仅仅是疫情带来的负面影响(这影响确实很糟糕),不知何故,这已经成为我们这一代人的主旋律了。出于种种原因,我们这些为人父母的人,已经开始用几乎不可能达到的标准来要求自己,为我们无法控制的情况而自责。当把事情搞砸的时候,我们就觉得自己失败透顶。

我们患上了"糟糕父母综合征",我把它定义为一种自认为是糟糕父亲(或母亲)的想法、信念或认知,但事实并非如此。每个人的"糟糕父母综合征"都有所不同,根据坏事发生或濒临崩溃时可能产生的不同反应,可以分为三种类型：孤立型、评判型和自卑型。

我们认为自己是唯一遭受痛苦和把事情搞砸的人，为此我们评判自己、否定自己，好像我们根本不值得最基本的认可或尊重。

最糟糕的是，我们认定自己是糟糕的父亲（或母亲）。这样对待自己，只能让事情变得更糟。

当一个人觉得自己一无是处时，他就无法发挥最大的价值。这是我的经验所得。

"糟糕父母综合征"是怎么产生的呢？我们会在本书第五章深入讨论这个问题，但是现在你需要知道的是，这和你的育儿质量没有关系。我们在养育孩子的过程中，可能而且经常会搞砸一些事情，但这并不意味着我们就是糟糕的父母。这只能说明我们是人类，我们正做着每个人都要做的、最艰难的工作。人们给我们提很多建议却很少提供支持，而面对社交媒体和（非）真人秀，我们又会不由自主地进行比较。这些因素组合起来，让我们产生了孤立、评判和自卑的倾向。你需要记住的是，自己是糟糕父亲（或母亲）的想法再怎么具体，再怎么特殊，和你的育儿质量几乎也没什么关系，真正有关系的是被固化的自我评价方式。

我在早年养育孩子的岁月里，也一直深陷于"糟糕父母综合征"中。我不仅会在每次对孩子失去理智，或者无力应对突发状况时审判自己，我还深信自己是个糟糕的母亲。因为我讨厌和女儿们玩洋娃娃，我没有每天晚上都在家准备晚饭，孩子的如厕训练像噩梦一样糟糕，她们的鞋子永远穿不对。我的兼职工作让我没有足够的时间陪伴孩子，就算我有时间，我也不够冷静，不够耐心，不够开心，更不用说一周内玩87次糖果乐园游戏（Candy Land）了。

我这个妈妈当得真是糟糕透顶，养育孩子真的很难。我觉得自己做得从来都没有别的妈妈那么好，也没有像她们那样乐在其中。

这种"糟糕父母综合征"不仅让我自惭形秽，还让一切难上加难。我躲在食品柜里狂吃巧克力等零食，但这并没有让我平静下来，或者帮助我更清晰、更有创造性地思考正在发生的事情。你我心里都明白，拿自己和别的父母，尤其是那些看上去超级完美的父母来做比较，会直接摧毁我们的自信心。所以，筋疲力尽、一败涂地、迷惑不解、忧心忡忡等种种挫败感，压根儿不会让我们更从容、更有耐心地陪伴孩子。

但我当时并没有意识到这些，也没发现我的自我羞辱和自我责备竟然有这么大的危害，所以我一直我行我素。现在我确信，如果我能做得更好，如果我能得到好的建议，然后听从建议做出正确的选择，对症下药，我就不再是糟糕的母亲。如果我确实不是糟糕的母亲,那么我也不会觉得自己是,对吧?

是的,好吧,没那么绝对。

问题就在这里。我确实对待孩子失去了理智,我让她们吃盒装奶酪、通心粉当晚餐,拒绝陪她们玩公主游戏,在本该玩手指画的时间让她们去看电视,在我有空待在家陪孩子的时候,却把她们送去上日托班。因为我确信,如果我花了一整天的时间为孩子联系小伙伴或者参加亲子课

你不是糟糕的父亲(或母亲),就意味着你是好父亲(或母亲)吗?哎哟,这可真是个大问题,对吧?我们是好父亲(或母亲)吗?怎样做个好父母?不瞒你说,我在这个问题上苦苦挣扎了很多年、很多年!现在,我可以非常自信地告诉你,我真的毫无头绪。我根本不知道做一个好父亲(或母亲)意味着什么。这个世界上有多少家庭,就有多少种养育孩子的方法。就算我们找对了方法,管它是什么方法,也不能保证所有的事情都能顺利进行。还是那句话,管它是什么方法。但我确信一件事:无论你和你的家庭看起来怎样,脑海中萦绕着"我是糟糕父亲(或母亲)"的这种想法,只会让你与好父亲(或母亲)渐行渐远。

程的话，我会发疯。

但我不是糟糕的母亲。

你也不是。

→ 如果你真的是糟糕的父亲（或母亲），怎么办

当你拿起这本书的时候，有可能你脑海中对这个问题已经有了一点头绪。虽然我不相信有特别糟糕的父母存在，但我猜你和我的想法不太一样。如果我们不谈论这个问题，不写下来给你看，那么这个问题就会一直萦绕在你的脑海中，让你伤神。

大多数患上"糟糕父母综合征"的父母，都会有如下某种或几种表现：

1. 你把做过的选择、遇到的状况都算作自己的过错。其实这些问题都不叫事儿。你可能没有时间、精力或者金钱让你的女儿参加一项体育运动，或者去上数学课补习班，也没法让孩子在双语家庭中长大；或者说你工作很忙，孩子只能去上课后辅导班，你也没法去观看孩子的每一场比赛；再或者说你和孩子在一起的时候没那么开心，有时候你希望自己一个人待在沙滩上晒太阳，或在百货商场闲逛，甚至只是躲在衣柜后面享受片刻安静：这些想法都会让你觉得很有罪恶感。你觉得你应该做得更好，让你的孩子开

心，而不是让他们对这些感到不知所措。

可以肯定的是，这些感觉并不好。但是让我们明确一件事：这些并不是育儿失败的例子。产生这些想法，只是因为社会上存在一些关于父母应有样子的不切实际的幻想，而理想跟现实总是有差距的。

2. 你责怪自己的习惯和行动，介于"不太理想"和"有点搞砸"之间（用临床术语来说，我们称之为"正常"）。我指的是你对家人大发雷霆，或与他们断开联系的次数超过你的承受能力，忘记给你的孩子送午餐，不履行承诺，不知道如何说出真相就对孩子撒谎，不设定限制，在他们需要你的时候拒绝倾听，等等。（我就说到这里，因为我知道你的大脑肯定宕机了，开始回想那些能证明你很烂的事情，这可完全不是我们想讨论的事儿。）

如果我没说错的话（当然了，我没说错），你会直接跳过我刚才提到的"正常"部分，一头扎进"你为什么这么差劲"的原因清单中。千万别这样做，你要做的是记住两件事：完美的事情不存在；我们的孩子也不需要我们变得完美。他们只需要我们过好自己的生活，尽可能地去爱他们，并通过言传身教告诉他们：有时我们会感到困惑，有时会犯错，有时会感觉难过，但这并不意味着我们是坏孩子或坏父母。

3. 有时你会越界。胖揍孩子、喋喋不休地口出恶言，读到这里可能有人会想,行吧,但是那些"超级超级糟糕的父母"怎么办?那些虐待成性、疏于管教、不擅长为人父母的人呢?这一点很重要,因为绝对会有一些人不好好养育孩子,对待他们的孩子非常差。但我绝对、绝对不会称他们为糟糕的父母。作为一个临床社会工作者,一个母亲,人类社会中的一员,我的目标是帮助人们成长,帮助人们疗伤,成为更合格、更能共情的父母。告诉别人他们是糟糕的父母,永远、永远不可能达到这个目的。所以,确实有父母需要大量的帮助和支持,但也许我们不应该给他们贴标签,而是应该好奇他们需要什么,至少给予他们一些同情吧。

甚至酗酒,这些都会影响你陪伴孩子,以及照顾孩子的能力。如果出现这种情况,说明你现在缺少必要的知识储备、支持和资源,你无法让自己做得更好。你可能已经感到孤独、羞愧,又无比困惑,不需要再堆积大量的自我评判和自卑的情绪,你关于糟糕父母的想法其实一直在作祟。你需要的是那种能倾听你的故事,关心你的经历,善待你,帮助你疗伤、改变并成为理想父亲(或母亲)的人。虽然一本书可能无法完全走进你的内心世界,但阅读这本书,是为找到这些知识、支持和资源迈出的坚实的第一步。

无论你符合上述哪种情况，无论你现状如何，无论你的"糟糕父母综合征"有多严重，我都要大声告诉你：你不是糟糕的父亲（或母亲）！

我要用斜体强调一遍，以防你错过：*你不是糟糕的父亲（或母亲）！*

我无意哗众取宠，但还是要再强调一遍，因为这真的很重要：**你不是糟糕的父亲（或母亲）！**

好了，我不是说说而已。我要为此写一本书。

→ 我为什么要写一本关于你不是糟糕的父亲（或母亲）的书

某个时刻我意识到，每次播客采访结束时，花三分钟时间讲述自我关怀确实很仓促。我也许可以介绍一下这个想法，但父母们需要的远不止一两句话。羞愧和自责让我们感到停滞、困惑，同时又怀疑自己所做的决定，以及自己是否有做好父亲（或母亲）的能力，我们需要一些技能和策略来帮助自己克服这些情绪。但是，如果我们能够以关怀而不是自卑来应对最糟糕的育儿时刻，我们就会感到内心更平静，思路更清晰，能够更有创造性、更有自信地应对正在发生的一切。

我来给你举个例子。

想象一下，你在和孩子们进行一次远足。你本来想在森林里轻松地散步，但途中在某个岔路口你拐错了弯，现在不知道自己在哪里。孩子们越来越饿，越来越烦躁，你自己也没好到哪里去。也许你已经感到背部有些疼痛，或者膝盖不舒服，但是不管怎样，你肯定开始焦虑了。在事情变得更糟之前，你得带你的家人回到车上。

最烦人的是，你的伴侣因为你在出发前没有将地图下载到手机上，开始对你大加指责。可能家人们本来想去打迷你高尔夫球，所以他们抓住每一个时机提醒你，这世界上不会有人在迷你高尔夫球场迷路。真是多谢提醒了，我的宝贝！

现在，一个孩子摔倒擦伤了膝盖，正在哇哇大哭，另一个孩子想大便，但你没带任何能处理大便的东西，因为你本来只是想散步，没想远足。你怎么会把事情搞得这么糟呢？

唉！

你刚想放弃，准备让孩子在树林里大便的时候，就看到一个护林员沿着小路走过来。太好了！你有救了！你向她解释了你的处境，然后她从包里掏出了一张地图递给你。谢天谢地！噩梦结束了，终于不用与"屎"斗争了。

你向那个护林员道了谢，她离开了。但打开那张地图后，你发现上面并没有代表小路的斜线，也没有明确的标记可以帮助你回到车上，有的只是这句话："你迷路了。"

你向下翻看，继续阅读。

你是唯一一个迷路的人。

你糟透了。

温馨提示：你是糟糕的父亲（或母亲）。

此时此刻，你可能刚好看到另外一家人从你身边走过，他们高兴得不得了，他们清楚地知道自己的方向，他们微笑地唱着歌，好像刚从《音乐之声》(The Sound of Music)的片场走出来。

你绝对不可能向他们问路。

想象一下你此时的感受：焦虑、恐惧、崩溃、迷惑、羞耻、愤怒……也许还夹杂着对那个给你一张没用地图的混蛋护林员的怨恨，而且我猜你会对自己感到更失望，因为你一开始就让全家迷了路。也许你一直在想，你是个可悲的笨蛋，优秀的父母不会犯这么低级的错误，冯·特拉普上校（《音乐之声》中的一个角色）和他的那些烦人的快乐营员就是证据。最后，很有可能你会变得超级敏感、易怒，并对你的家人破口大骂。你肯定很难保持冷静，也无法清晰又有创造性地思考问题，更没有信心能把一家人安全带回家。

真是搞得一塌糊涂。

好在这些事是写在书里的，而不是发生在现实中。所以，我们可以回到前面来改写故事的结局。现在我们来想象一下，护林员出现了，她给了你另外一张地图，地图上没有代表小路的斜线，也没有任何标记。但是上面写着这些话：

你迷路了。

没关系，每个人都有迷路的时候。

坚持住，你能解决问题。

温馨提示：你是超棒的父亲（或母亲）。

乍一看，这张地图似乎并不比第一张好多少。地图上没有告诉你该走哪条路，也没有回到车上的方法，但它把你引向了自我关怀之路。我猜你读完之后，不会像上次一样崩溃。你还可能会轻松自然地向那个快乐的家庭问路。或者你会茅塞顿开，突然想起背包的底部有一些纸巾和一个塑料袋可以派上用场，用来处理孩子的大便。再或许，你可能回想起了每次你想远足时都会和祖父玩的游戏，这个游戏能分散孩子们的注意力，这样你就有时间想到回去的办法。

就算你不知道下一步该怎么做，也会觉得现在这个情况是简单的、可控的。当你想到我们作为父母经历过的无数次令人感到失落的情形，你就会觉得现在这些并不算什么。

不幸的是，对于我们每一个人来说，没有哪个地方是育儿天堂，能让我们不迷茫。在抚养孩子的过程中，没有谁能不犯错、不反应迟钝、不失去理智，或者不感到崩溃。不管是我们还是孩子，都躲不过各种惨痛的失败、破碎的友谊、残忍的诊断、亲人的离去，以及生活中普遍的痛苦。

这可真是个坏消息。

值得庆幸的是，对于我们这些凡人来说，也有一个好消息，而且是非常好的消息。不管事情发展得多坏，不管你有多迷茫，不管你多么确信自己完全没有能力应对这一切，你总会有第二张随身地图。当你发现自己身处森林中，带着暴躁的孩子和生气的伴侣，而且不知道该往哪边走的时候，你可以随时把它拿出来。当你感觉自己是史上最糟糕的父亲（或母亲）时，你也可以随时把它拿出来。自我关怀可能没法告诉你该去哪里或者解决所有问题的方法，但可以帮助你保持冷静，帮助你清晰、创造性地思考，并让你拥有为自己和家庭迈出下一步的信心。

更妙的是，无论你的文化、社会、宗教信仰、家庭结构、社会经济地位，或者生活中的任何其他因素如何，它都是免费的，地球上的每一位父亲（或母亲）、每一个人都可以使用。这是一个简单有效的策略，对于我们这些深陷羞耻和自责旋涡的人来说，尤其有效。学习用理解、宽恕和接纳回应自己的内心，这需要练习，但百分之百值得去做。

听我说，我这辈子经历过很多糟糕的徒步旅行，我知道自己还会经历更多。学会放下我的消极地图，拿起关怀共情的地图，已经改变了我的生活和我的育儿方式。

→ 自我关怀不只是良药，更是个积极的选择

大多数对社会工作了解不深的人，倾向于把"关怀""同情""共情"等词语和"放闪光彩虹屁的独角兽"联系在一起。在他们看来，这都是嬉皮士式的废话，听起来很理想化，但与现实生活毫无关系。你有逾期的账单要支付，有暴躁的公婆要应付，还有你孩子手臂上奇怪的皮疹需要治疗。你幻想着不加理会皮疹就会自然消失，可它仍然存在，而网上能查到的唯一的儿科皮肤病医院，离你家有一个小时的路程。

别误会我的意思。我和其他女孩一样，也喜欢"关怀""同情""共情"和"放闪光彩虹屁的独角兽"这类理想化的词语，但是关怀之心不仅仅是你对正在发生的事情的想法或感受。它是一种与众不同的动物，更像是一只独角兽，每当你真正感到挣扎的时候，它就会出现，提醒你并不孤单，好奇发生了什么事，倾听你的需求，并善意地回应你。它不会向你提供任何一条关于养育子女的建议，毕竟独角兽对人类幼崽一无所知。但不知何故，它一出现就让你感觉好多了，甚至能让你原谅它们留下的那些亮闪闪的东西。

这里的重点是，自我关怀不只是要关注某人的痛苦（虽然这点很重要，后面我们将用整整一章来讨论），更是要对我们的遭遇采取行动来回应，包括我们思考事情的方式，以及我们对待自己的态度。事实上，行动这部分至关重要，我曾经考虑过将"关爱之心＋行动"合并成一个新的词，即"关怀行动"。但后来我想起了女儿还在穿尿布时喝西梅汁的痛苦时刻，所以我打算避开关于"关怀行动"的事儿。

希望你们仍然能明白重点所在。

本书的作用

首先我们来探索一下，为什么我们对自己这么差，以及我们的育儿方法为什么会有那么多问题，还有自我关怀到底是怎样让事情变得简单可控的。从这里开始，我们将深入探讨四种非常具体且极其有效的自我关怀方法：关注、共情、好奇和仁爱。这些方法能够抵消"糟糕父母综合征"中的自我孤立、自我批评和自卑倾向，并帮助你以最有效和最具同情心的方式，应对最艰难的育儿时刻。我们会讨论如何把这些方法应用到生活和育儿中，以及它们如何直接或间接地让孩子们受益。

"糟糕父母综合征"最具迷惑性的一点在于：我们觉得自己是唯一没给孩子报兴趣班（例如长笛课）的父亲（或母

亲），或者我们在超市第三排通道里，面对孩子突然爆发的情绪失控而束手无策，再或者我们不知道什么时候应该担心自己上一年级的孩子还不识字。我们认为自己是唯一感到恼怒并产生逃避想法的人。这些想法并非完全胡扯，它们会一直延续下去，因为我们越是觉得自己孤独，就越不可能在最需要的时候寻求帮助。学会识别这些想法，并通过共情，对当下时刻、对普通人、对可信赖的成年人做出反应，可以在很大程度上帮助我们打开养育孩子的新思路。

从这里开始，我们可以对自己的经历感到好奇，对我们的生活、家庭和身心方面发生的事感到好奇，对我们思考、感受及行动的方式感到好奇。因此，我们经常会陷入自我批评当中，这也导致我们易怒、困惑，甚至强迫性地去修正行为。我们很少会放慢脚步，去关注正在发生的事情、事情的可控程度，以及我们真正需要什么东西，才能尽可能地处理好所有问题。正如我们要进一步探讨的内容，好奇是一种内在的共情反应，通常是重要信息的一个有效来源。

无论发生了什么，我们都可以用仁爱之心善待自己。仁爱听起来很简单，但它经常与纪律、限制及个人责任等问题混淆在一起。仁爱不是必须要做个好人，也不是说要让你和别人感觉良好（当然这也是件好事！）。仁爱关乎承认和接纳自己的感情和需求，然后以巧妙的方式应对。如果我们能明白什么是仁爱，什么不是仁爱，以及仁爱在生

> 有些读过我上一本《父母情绪自救指南》的读者，可能会发现这两本书的某些共同之处。首先，你能记住阅读过的内容，你真棒！其次，你说得对，这是因为自我关怀是让你不失去理智的有效方式，也是一种超级有效又富有共情心的方式，足以帮助你应对育儿和生活过程中的挑战。

活中到底是什么样子的，我们就会发现一种全新的、令人惊讶的有效策略，使为人父母变得更容易、更有趣。

稍等！还有呢！无论你是否告诉你的孩子你在做什么，你所实践的自我关怀之路都会以各种不同的方式让孩子们受益。每次你以关注、共情、好奇以及仁爱的心态来面对伤痛、挑战和困惑时，不仅能缓解家庭压力，还能以更巧妙的方式处理生活中的棘手问题。此外，你可以明确地将这些策略教给你的孩子，我们将在本书第八章进一步讨论这个话题，现在不需要担心这个。自我关怀之旅始于自我，让我们深入探讨一下吧！

第一章

糟糕的事情发生了，我们又让它变得更糟

我们回到本书前言中那次倒霉的远足。多亏第二张地图派上了用场,你才能成功回到车上,一路还算顺利。回家一段时间后,你恢复得不错,又想方设法让家人关掉了电子产品以便走出家门。于是你计划了另一场徒步旅行,一次万无一失的徒步旅行。

虽然家人们满腹牢骚、满面怒色,你还是把他们拉出家门来到野外,并得意地向他们展示设立在路口的牌子,上面写道:

此路绝对安全畅通,无人在此受伤、迷路,更无人在此困惑、不满。祝你旅途愉快!

艳阳高照,碧空万里,没多久大家的心情都好起来了。哇!你心情大好,连女儿没完没了地讲述三年级操场上的最新闹剧,你都没感到厌烦。

这时,有箭飞来了。

没错,是真正的箭。

它们不知道是从哪里冒出来的,你还没搞清楚到底发生了什么事,身上就挨了一箭。天哪!那玩意儿可真够让人疼的。

你吓坏了!你确实吓坏了。毕竟谁在徒步史上最安全的路上被射了一箭,都会被吓个半死。老天爷,你又不是带着家人在靶场乱窜。你开始恐慌不安,心跳加速,无法呼吸,这不仅仅是因为你身上挨了一箭。这原本就不该发生。你做错了什么?上帝啊,你怎么会是这个星球上唯一一个不能安稳地带孩子享受远足的母亲?

你倒在路边,疼痛难忍,开始怀疑人生。这时你的伴侣却开始调侃你,说你是头一个在迷你高尔夫球场上被箭射中的人,可真是前无古人后无来者。你儿子开始嘟囔说,他曾经在《我的世界》(Minecraft)游戏中制作过这种神奇的箭;你女儿开始好奇这是不是她在学校里进行过的防暴演习。显然,这些话能把你气个半死。但你身上还插着一支该死的箭呢,真的太疼了。你不知道是否应该试着把它拔出来,还是像在电视上看过的那样,把它留在那里,这样你就不会到处喷血,甚至你在纠结要不要上网求助一下。

你刚想拿出手机,一个医护人员沿着小路走过来。太好了!你有救了!他迅速地拔出了箭,但并没有着急忙慌地帮你包扎,而是把手伸进包里掏出另一支箭,径直插入你血淋淋的伤口。

这，叫，什么，事儿啊……

→ 这个荒诞的故事是对养育孩子的隐喻

故事虽荒诞，但意有所指。(如果与你的亲身经历有所雷同，那我只能建议你去打迷你高尔夫了。) 好了，我们言归正传。

首先，一开始的那个诡异的路标就很奇怪。为什么别的地方就没有这样的标语呢？因为那纯属一派胡言！它让人抱有不切实际的幻想，从而在遭受打击时倍感失落。从开始考虑怀孕的那一刻起，我们就被淹没在微妙的洗脑信息中。它们告诉我们，为人父母应该是快乐的、享受的、有意义的、令人惊奇的。我们被牵着鼻子走，认为快乐不仅仅是目标，更是一种常态。别人的生活都是快乐的，我们的生活也理应如此。如果出于某些原因我们觉得并非如此，那么说明我们或孩子之间有一方出了问题，我们得更努力地工作，更好地养育孩子，或者向专家请教育儿之道，等等。其实，这么做收效甚微。

接着，我们当然得说说箭的事儿。先是第一支不知道从哪儿飞来的箭。真希望关于箭的想法是我的原创，但其实是佛陀（Buddha）想出来的（可能他有一个年幼的儿子，那他离家出走独自在树下待上七个星期也就情有可原了）。

言归正传，佛陀用箭来打比方，因为在他那个时代，枪啦、真人秀啦、儿童玩的电子鼓啦，还有其他给我们带来痛苦、给生活造成破坏的玩意儿，都还没发明出来呢。不要在意这些细节。重点是第一支不知道从哪儿飞来的箭，代表的是生活中无法避免的混乱场面，不经意间发生的混乱、无序又不可预测的场面。譬如骨折的手臂、患病的父母、夭折的计划、坏掉的冰箱、空空的油箱、孩子发烧时无法推掉的工作、不该发送的问题短信、无力支付的意外账单、校园霸凌，以及该死的全球疫情。

混乱如真箭，会伤人。无论它只是擦破你的皮肤，还是直接插进你的臀部，都让人疼痛难忍。然后我们会对痛苦做出反应。谁不会啊？除非你是电影《虎胆龙威》（*Die Hard*）里的布鲁斯·威利斯（Bruce Willis）。身体或心灵受伤时，你会抓狂，人类都会这样。这些伤痛没那么简单，会让我们分神，消耗我们的精力和资源，给我们留下难以磨灭的伤疤。无论混乱是我们自己制造出来的，还是它突然出现，都会让我们的生活变得复杂，让我们感到悲伤、愤怒、困惑、焦虑。我们从小就被教育，以至于我们坚信，即使屁股上插着一支箭，我们的生活和育儿方式都应该是从容、冷静、心平气和的。这种想法让我们更加心烦意乱了。

咳咳，胡说八道，咳咳。

听我说，不管你对远足研究得多透彻，得到了多少保证（还可能是虚假宣传），你想得多仔细周全，第一支箭都会飞来的。这都是正常现象。我的意思是，这很糟糕，我们也许能放慢箭的速度或减少箭的威力，但是别搞错了，人生的第一支箭是无法回避的。

但我们也不能因此停下尝试的脚步。这不是因为我们是无药可救的白痴，而是因为很多关于自助和育儿的建议都集中在避免人生的第一支箭上，有时候有些建议还是有用的。但是，身处这些建议和社交媒体及真人秀精心美化的幻象中，我们很难不去相信这个巨大的谎言——养育孩子是件愉快、轻松的事情，孩子们都应该健健康康、无忧无虑，我们对所有事都应该了如指掌。

因此，我们想要追寻彩虹却不知道该怎么做，只能在下雨天站在雨中对着天空大喊。这不是因为我们做错了什么事，而是因为我们大部分人都没学过该如何应对生活中的箭。他们一次又一次地告诉我们，要保护孩子们，但却没人告诉我们遇到问题时应该怎么做。不管我们如何努力，糟糕的事情总会发生。我们就这样成了另一支箭——痛苦之箭——的目标。

→ 第二支，痛苦之箭

还记得第二支箭吗？就是那个混蛋医护人员本该给你

包扎，却又向你身上插入的那支箭。佛陀把这第二支箭称作痛苦之箭，代表了每当我们遭遇混乱状况，我们抓狂、犯错或没有达到自己预期的效果，或没有像想象中那样完美掌控所有事情时所产生的羞愧、责备和自卑之心。我们没有用仁爱、宽容和理解来应对自己的痛苦，而是远离朋友，脱离社会，严苛地评判自己，疯狂地鄙视自己。

第二支箭不光会造成伤害，还会让我们的伤口无法痊愈。我们没有原谅自己或给自己疗伤，也没有寻求必要的支持，或者试图了解一开始到底发生了什么。最终，我们被第一支箭造成的切身之痛和第二支箭带来的羞愧、内疚、困惑和焦虑折磨得筋疲力尽，同时还要忙着重新预约牙医，弄清嫂子在电话里发火的原因，去学校接呕吐的孩子，以及回复无休止的工作邮件。

嗯。猜猜看，是谁的伤口永远得不到关心？猜猜看，谁就这样带着一堆羞耻和糟糕的感觉活下去？

不是说我们主动或故意地忽略自己的需求，而是我们过度关注自己在过往事件中扮演的角色，纠结于是不是自己把事情搞砸了，是不是应该采取不同的方式来应对，或者我们不马上解决问题的话，会不会发生更糟糕的事。虽然第一支箭很疼，但第二支箭造成的伤害更大，因为它在伤口上撒盐，直击我们的软肋。换句话说，第二支箭把普遍存在、稀松平常的一次经历，变成了个人情绪化的旋涡，让我们觉得我们犯了错误，我们很失败。

真的太疼了。

正如喜欢古训良言的人说的那样："痛楚难以避免，而磨难可以选择。"虽然我们没有办法阻止生活中第一支箭的偷袭（当然这并不是说我们没有努力），但我们应该试着在每次事情变糟或迷失方向时，停止责备和羞辱自己。

但问题在于，我们大多数人对第二支箭一无所知。我们甚至意识不到自己在一遍又一遍地用箭伤害自己，更没有意识到它是如何发生的，又为什么在不断地发生。如果我们想在未来有机会避免第二支箭带来伤害的话，我们就需要搞明白它。以下就是让我们大多数人日复一日伤害自己的第二支箭的实例：

我们告诉自己我们很失败。我不是在说当你犯了错误时要承担责任这件事。这通常是一个非常巧妙的选择，我们不能将思维从"天哪，真是弄巧成拙了"，转换到"我真是个失败的父亲（或母亲），我把我的孩子毁了"。这样做的话，我们就是在批判自己，将自己与他人进行对比，思考我们犯的所有错误，以及一个更称职的父亲（或母亲）会在哪些方面做得好。

患有"糟糕父母综合征"的人非常擅长拿出消极地图，尽管我们根本不需要它。我们很差劲，我们知道这一点，每个人都知道这一点，但我们对此无能为力。我们非常擅

> "弄巧成拙"是我最喜欢的成语之一,意思是把正常的情况搞砸。现在,它已经成为流行语。大多数人提到这个成语时,最先想到的是搞砸的"拙"这部分,但我更倾向于关注情况正常的"巧"这部分,这代表着"典型的、平常的、预期的"情况。每个人都有弄巧成拙的时候,但这并不代表我们有问题。

长穿越那些充满自卑的岩石小径,走到徒步旅行的终点,而那时我们已筋疲力尽、心灰意懒,却不知道自己是如何到达那里的。就算我们知道发生了什么,我们还是会继续跟着手中那张消极地图的指引,因为这是阻力最小的一条路。我们做父母的实在太累了,无法开辟一条新的道路,我们也没有其他可供选择的地图,至少现在没有!

我们告诉别人我们很失败。每个人都喜欢听美好的育儿故事,大多数人也愿意讲给别人听。但更多时候,这些故事不光关乎混乱,还关乎我们如何造成了这些混乱,甚至把情况搞得更糟。哈哈哈!我猜我们最近是拿不到年度最佳父母奖了。

我不是说我们不应该讲这些混乱的育儿故事,事实上,我想表达的刚好相反。正如我们将在本书第五章中探讨的那样，真诚地与他人产生共情是一种强有力的自我关怀形式。这样的目的是确保我们没有背离自己的本心——虽然这在当时看起来很可笑。

我们和那些让我们觉得自己很失败的人混在一起。不管是浏览他们的社交网站，还是站在秋千旁边聊天，我们与那些没有以真实面目出现在我们面前、没有看见和接纳我们的人相处的时间越长，我们就越难信任自己。不论是在网上还是在现实中，如果我们和那些声称自己很完美、育儿经历很简单，还评判我们遇到的那些乱七八糟事情的人混在一起，我们就会很容易相信大家都在做着育儿的工作，而我们却是唯一被压垮的人。

我们对待自己的态度糟糕透顶。这可能是最狡猾、最阴险的第二支箭。每次我们把别人放在比自己更重要的位置，或者将我们情感、心理和身体上的痛苦最小化时，都深化了一种潜在的想法，即我们不值得关心。当我们需要帮助却得不到支持时，我们就会更深入地觉得，自己在面对这一切困难时是多么的孤独。当我们打破底线，或直接忽略底线，口是心非，我们最终会变得疲惫、饥饿、筋疲力尽、压力重重，以至于找不到出口，失去理智，对孩子大发脾气。

然后，我们会为此责怪自己。

我想说的是，我们不可能总是把自己放在第一位，这没关系。这是为人父母应该做出的牺牲，但并不意味着你

> **重点强调：第一支箭不同于第二支箭，反之亦然。** 铭记第一支箭和第二支箭的区别，对你的自我关怀之路至关重要。简单来说，第一支箭是发生在你身上的坏事，而第二支箭是你思考和应对这些坏事的方式。

要自讨苦吃。生活就是这样，而我们只需要尽自己所能。但如果因为以下原因我们一直忽略自己的需求，我要告诉你，那都是第二支箭带来的痛苦和折磨：1）我们觉得孩子的需求更加重要；2）我们觉得自己不值得更好的；3）我们觉得自己需要赎罪；4）我们已经完全模糊了自我关心和自我完善之间的界限，我们真的相信，如果自己能变得更好、做得更好，生活就会变得不那么混乱。

糟糕的童年？第一支箭。因为没有榜样而责备自己在育儿上的失败？第二支箭。

确诊了抑郁症？第一支箭。觉得自己是差劲的父母，因为没有精力和欲望按照自己理想的方式养育孩子？很明显，这是第二支箭。

→ 第三支，否定与分神之箭

随后，当然还有第三支箭了。

因为这玩意儿确实存在。

当第一支箭和第二支箭的痛苦变得难以承受时，我们就会拿出第三支箭，这是否定和分神之箭。我们不惜一切代价，只是为了屏蔽掉任何正在发生的事情，这些行动往往是本能的条件反射，一般来说甚至自己都意识不到。时不时地从现实中抽身出来并没有错，事实上，这是一种非常有效的应对机制。我们都需要一点时间喝杯咖啡，盯着墙放空片刻，或者狂追几集自己最喜欢的电视剧。

不知不觉中，我们每晚要喝的红酒变成了三杯，在消灭曲奇饼干的时候，把感情也随之吞掉了。我们强迫自己进食、购物、赌博、沉迷网络、看色情片、忙碌，这些行为不仅不能解决问题，还强化了我们无法控制自己黑暗的冲动或情绪的信念。但我告诉你，我们完全可以控制。虽然第三支箭可能会暂时缓解第一支和第二支箭带来的痛苦，但这只是权宜之计，而且无济于事。随着时间的推移，第三支箭的行为会让我们的工作、人际关系、健康状态和日常生活都岌岌可危。即使这些行为能分散我们的注意力，暂时忽略生活中的混乱、痛苦和耻辱，但它们也会让我们面临新一轮的第一支和第二支箭，就这样陷入恶性循环，永不停息。

我们的第二支箭越锋利,射出第三支箭的可能性就越大。去他的徒步旅行,去他的迷你高尔夫,去他的护林员,去他的连大便都憋不住的孩子,去他的快乐远足家庭,去他的歌曲,去他的一切。我们无法控制混乱的局面,我们厌倦了自己如此努力地尝试,最终却还是分崩离析。我们不想思考任何事,所以我们躺在沙发上,一边看电视一边刷手机,喝光四瓶啤酒,熬夜到很晚,假装什么都没有发生过。

嗖——嗖——嗖——

> 这本书的重点在于警惕并改变我们身中第二支箭的习惯,这不光能减轻第一支箭带来的痛苦,还会减少我们陷入身中第三支箭行为的可能性。然而,如果你正在与任何一种成瘾行为做斗争——如果你被第三支箭所牵制——请你一定要知道:你并不是孤军奋战,你可以得到帮助。对于缺少时间、精力、金钱的繁忙父母来说,寻求帮助并不容易,但绝对值得你去做。在线咨询这种新的方式,可以让我们比以往任何时候都更容易获得治疗方案;关于如何与有执照的治疗师联系的更多信息,请参考本书第五章。

→ 自卑之箭如何让养育子女变得更加困难、无趣

我们很容易相信，我们可以通过折磨自己来成为更好的父母。我是说，如果我们正在做的事情真的自然而然地成功了，那不是很好吗？要是第二支箭神奇地治愈了我们的伤口，再将咖啡因直接注入我们的血液，那就太方便了。可惜事与愿违。不管你刻薄的阿姨、高中足球教练，或者虐待狂老板是怎么给你洗脑的，你都应该知道欺凌永远不会把事情变好。当然，我们可以恐吓自己，让自己暂时屈服，但结果不会持久，我们最终会回到起点，但情况似乎比起点还要糟糕，因为现在留给我们的是许多没有愈合的伤口。

把自己当作废物，不仅不会得到我们想要的结果，还会让我们每时每刻都觉得自己把世界上最重要的工作搞砸了，这会给我们的精神、情感和身体健康带来各种负面的影响。

如果一直怀疑自己，我们就会对自己在育儿过程中做出的决策感到更加困惑，对自己的能力更加没有信心。毕竟，你为什么要听从某个不断犯错的白痴的判断呢？然后我们会感到困顿、困惑，我们的育儿方式也会变得僵化死板。我们无法保持冷静，不能清晰地思考，也不能创新地思考，最终只能诉诸武断的规则、僵硬的反应和无法取胜

的冲突与争执。从根本上说，自卑让我们从内心认为，我们的育儿行为是最没用的。

这些都会让家庭关系变得紧张，我们越是感到压力巨大和不知所措，就越有可能做出冲动、暴躁的反应，以及采用我们感到羞耻的行事方式。为此，我们晚上难以入睡，深陷抑郁和焦虑之中。也许我们一直在处理心理健康问题，但现在情况更糟了。不管怎样，当我们知道将为自己所做的每一个抉择和每一个意想不到的、不愉快的、惨不忍睹的结果而痛斥、贬低和羞辱自己时，我们很难不感到沮丧和焦虑。

受影响的不只是我们的思想和感情，自卑还会伤害我们的身体。自我否定的想法和自我贬低的行为会带来一系列健康问题，如失眠、高血压、头痛、肌肉紧张、胃肠道问题、睡眠中断、体重增加、记忆力减退、专注力下降，以及重压之下我们身体释放出的其他危险信号。

真是糟糕透了。

但是我们要提醒自己：我们不是怪物、怪胎或失败者，我们在共同面对这一切。这是善待自己、减轻羞耻感最有效的方式之一。你只是一个普通人，试图在这个复杂而又浮躁的世界里抚养另一个普通人。我们都不知道自己在做什么，只是有些人更擅长伪装而已。

→ 先天、后天和现在：为什么我们认为自己很失败

我们已经知道第二支和第三支箭射中我们后，事情只会越来越糟。那么人们不禁要问了，我们是从什么时候开始，因为生活中完全正常（虽然无比糟糕）的混乱而开始贬低自己的？我们到底为什么要继续这样做呢？

我简单地回答你：天晓得！

我并不是在说笑；事实是，我们的许多行为，包括我们为什么对自己如此苛刻，往往没有明确的解释。但不知道也没关系，因为我们不是非要探求原因才能改变一件事。

说到这里，其实我们大部分糟糕的自我暗示和自我贬低行为，都可以归因于某些先天、后天以及生活现状的综合因素。当你阅读以下导致自卑心理的原因清单时，请注意，你看不到"你很糟糕，你比别人做得都要差"这种话。我会一直强调这一点，直到地老天荒（至少直到这本书的结尾）。不管你觉得自己的失败育儿故事是不是真的，这些故事都没有善意，也没有用。让我们把注意力集中在这本书的主题——仁爱和实用性上，好吗？

先天：我们生来喜欢关联、比较和小题大做

虽然听起来很疯狂，但糟糕的第二支箭确实有进化优势。人类生来就与社会有联系，我们许多看上去不正常的

行为（比如自暴自弃）都源于这种最原始的需求。事实上，我们祖先中的那些自以为是的家伙，或者超级奇怪、不合群的人，可能会发现自己在大草原上孤独地游荡，任由遇到的第一只饥饿的剑齿虎摆布。

因此，那些一贯爱自我贬低并尽最大努力融入社会的穴居父母，在史前时代被排挤的可能性很小，而且可能会活得足够长久，然后再养育出爱自我贬低的孩子。现在我们可能没有意识到，每次我们自黑，都是在巩固自己在部落中的地位。

在同为父母的伙伴面前妄自菲薄，只是让我们和社会保持关联的一种方式。另一个问题是，我们要确保自己确实融入了社会，所以我们会密切关注其他人在做什么——他们怎么养育孩子，晚上怎么哄孩子睡觉，怎么教他们系鞋带，怎么确保孩子通过代数考试。虽然我们可以从别的父母那里得到一些有用的信息和不同的见解，但难免会进行比较，比来比去总没好事——至少对于比较的人来说是很闹心的。每次互动时都带着心理标尺进行比较，感觉不会好到哪里去，但我们还是坚持这样做，因为这是决定、维持甚至可能是改善我们社会地位最简单的方法。

毫无疑问，贬低自己和不断与他人比较都是完全不可取的。即使我们不相信我们所说的关于自己的一切，即使我们不认为自己是失败的父母，但是我们对一件事重复得

> **证实偏差**。倾向于让自己对无法控制的事情负责，这既是我们自认为是失败父母的原因，也是其结果。不管出于什么原因，一旦我们认定自己很差劲，我们的大脑就会继续搜寻、诠释，并铭记证据，以证实这一想法。这不代表它是真的，也不代表我们有什么问题。人类的大脑就是这样运作的。

越多，就越可能会相信它。

不过，虽然说我们和社会的联系非常重要，但仅限于这种情况：人们愿意真诚地分享自己真实的经验，从他们身上，你可以获取作为族群一员的好处，比如送你去独奏会，或让你认清现实。如果你的"社会"中都是那些你控制不住总想与其比较的人，包括育儿专家和社交媒体高手，这些人生活在完全不同的世界，拥有完全不同的资源，只分享加了滤镜的精心策划的生活，而这些往往与你的生活毫无关系，那对你就没什么帮助了。

他们的建议可能会提供相关帮助，也可能只是另一张消极地图。不管怎样，跟他们做比较就好像把自己跟熊猫或土豆做比较一样，我们不能这样做。但是当我们看到视频里播放着快乐的一家人，父母一边分享用一下午的时间解决混乱的故事，一边幸福地给孩子喂小卷心菜，然后在五小时内跑完了自己的第一次马拉松，看到这些场景，我们是不是又失忆了？

如果我们能找到一种对自我贬低和比较置之不理的方法，那么它们其实是可控的。我们要关注这种方法而不要被它们牵着鼻子走，我会在本书的课程中教你如何做。这并不是说我们是贪婪的人；相反，我们的大脑天生会寻找、关注并铭记生活中真实发生的或能感受到的最糟糕的事情。虽然这很糟糕，但实际上还是有点道理的：穴居人的大脑让他们觉得地上那个弯曲的东西是蛇而不是木棍，他们就会跳开，这些人往往比那些俯身去捡的人更有可能活下来。在那些容易焦虑的洞穴居民中，那些着魔般地担忧危险状况并在大脑中不断回放"这是棍子还是蛇"的人，下次再看到地面上类似的东西时，更有可能做出快速而果断的反应。此外，他们的孩子也更容易活下来，从进化论的角度来看，这是我们生存的全部意义。

基本上那些极度警惕、反应灵敏，竭尽所能保护孩子的父母，他们基因里的焦虑、强迫症、不惜一切代价保住孩子性命的养育方式会传给孩子，再传给他们的孙子，传给每一代人，直到今天传给了你和我，以及其他有眼睛抽搐等焦虑症状的父母。

后天：我们成长的世界并不完美

即使是我们这些拥有快乐的、相对"正常"的童年的人，在我们生命中的某个阶段也会受到批评、欺负或骚扰——也许是太瘦或太胖，或者名字不好发音，或者是班上唯一的有色人种孩子，或者是不被家族或社群接纳的性少数群体（LGBTQ）。尽管已经成年的你回忆童年时，明白你的遭遇不是你的错，而是因为你生活在一个极不完美和不宽容的世界中，这是必然会发生的事，但童年时的你当时并不知道。就像你只知道衣服穿不上，很明显是自己的问题。现在不管发生什么事，成年的你仍然会认为这是你的错。

如果你根本没有什么与众不同（或者，更有可能的是你只是很幸运，你的与众不同之处藏得很深），也并不意味着你摆脱了困境。不管是父母、兄弟姐妹，还是七年级时那个一直拉你内衣或者把你推进柜子里的小混混，总有人把你当垃圾一样对待，让你觉得自己一无是处。这并不是说你的父母、兄弟姐妹或七年级的小混混讨厌你或他们天生邪恶；像你一样，他们也是在这样的文化、家庭或社会中长大的，这种文化、家庭或社会教导他们，面对生活中的挑战和混乱，骚扰和蔑视是可接受的。不管是什么原因，他们的所作所为可能都与你无关，而且往往没有任何意义。但是把别人的意见看得比自己的更重要是人类的通病，当涉及孩子时，这种病发作得尤其严重。

这只是那些童年没有创伤的人的故事。对于没那么幸运的人来说，遭受创伤、忽视和虐待的经历，会让恐惧感和羞耻感根深蒂固。孩子们会为发生在自己身上的坏事而自责，即使事实上他们根本没有错。尽管孩子们可能会认为父母发怒和拒绝自己都是自己的错，并为此感到痛苦，但这也比他们认为这世界上唯一应该爱他们、保护他们的父母，可能会伤害或虐待他们更有安全感。无论过去多少年，那些古老的生存故事都难以撼动。

归根结底，我们都有一个童年故事，而且大多数人都有很多这样的故事。无论是颠覆你思维的一次残酷经历，还是让你充满了自我怀疑和羞愧，让你疲惫不堪的不断重复的过往，都可能让你形成关于自身能力和价值的潜在意识。它们如影随形，使第二支和第三支箭比以往更加尖锐。虽然我们知道那些都是胡说八道，从根本上说是别人的问题，但某种程度上我们还是很难置若罔闻。

现在：我们的育儿生活是混乱的

我们都痛苦地意识到，养育孩子的过程中第一支箭无处不在。这些箭可能是生活中的小事，比如什么时候喂饭、怎么哄孩子睡觉、怎样治疗小的疾病和感染等；也可能是"小事不小"的情况，比如怎样和孩子交谈、如何让他们帮忙做家务，或者怎样安排课后活动等；也可能是很重要的事，比如什么时候可以给孩子买智能手机、如何让他们远离校园枪击和流行病,还有要教他们哪种语言:编程、粤语,还是其他完全不同的语言?我们不光要担心以前根本没有意识到的事情,还要关注一直在变化的各种建议。如果我们还在重复做着昨天做过的事,那么我们很可能会做错。

我们一直误认为好的父母的生活不会是一团糟的,因为他们把自己的事情安排得井井有条,头脑清醒,仿佛脑海里有一个彩色编码的日历系统。可别被他们骗了。即使是我们当中最有组织能力、精力充沛、张弛有度、思维清晰的父母,仅仅和孩子在一起度过一天也是个挑战。大多数父母并没有发挥出最好的作用。我们要努力追求完美,在疫情严峻时期要居家育儿,要权衡工作和生活,却又缺少必要的信息、支持和资源,我们已经疲惫不堪了。于是,正如刚才已经讨论过的那样,当我们疲惫和紧张时,大脑会跳出一个时下流行的疯狂结论:如果我们不完美,我们就会很糟糕。

→ 第二支和第三支箭如何影响我们的孩子

不管我们怎样费尽心思在孩子面前隐藏自己身中第二支、第三支箭的行为习惯,我们也很难掩人耳目。我们的孩子绝对知道我们会在什么时候崩溃、紧张、自闭。孩子们就是这样的：他们极其以自我为中心。他们默认自己在发生的任何事情中都扮演着核心角色，很难将其他人的想法和需求放在心上。这种想法并不意味着你的孩子有问题，或者他们是潜在的精神病患者。他们毕竟是孩子，长大了就会明白的。但是当他们看着我们（虽然听起来很怪异，但他们一直在注视着我们），试图理解我们对第二支箭做出的紧张、僵硬的反应时，他们也会责怪自己，或者认为这一切都是他们的错。

嗖——嗖——

在知道第一支箭是什么之前，我们的孩子就已经把第二支箭插在了自己身上。

这不仅仅是孩子的想法，我们的行为也会直接影响他们。著名作家韦恩·戴尔（Wayne Dyer）说过，你挤压一个橙子，就会得到橙汁。如果我们被挤压，里面的东西就会溢出来。如果我们内心充满了羞愧和责备，然后我们的孩子彻夜哭泣、咬小妹妹、死活不肯上车、吃饭时掀翻盘子怒气冲冲地走掉，或者别的什么事情把我们搞得团团转，我们就会把自己的蔑视全部发泄到他们身上。家庭中的紧张和冲突程度急剧上升，这会让我们与孩子的关系逐渐恶化，也让我们无法有效地处理实际问题。这一切不是因为我们是糟糕的父母，而是因为我们无法给予孩子自己没有的品质，实际上大多数人也没有更好的品质。至少现在没有。

这是第二支箭。当我们的孩子看到我们在困难时刻的反应是自我羞辱、紧张、退缩或封闭（我们很少像我们以为的那样从容镇静）时，随着时间的推移，他们也会养成同样的习惯。比如说，每次我们沉迷于电子产品来放空自己，用暴饮暴食来应对混乱局面时，他们不仅会效仿我们，也无法从中学到任何其他更有效、更有共情心的应对技巧。

因此，哪怕你对自我关怀仍有所怀疑，或者说你还没有准备好原谅自己，也请你坚持住。首先你要假装做到，直到你真的做到。你的整个家庭也会因此受益。

第二章

生活是一片海滩，让人抓狂

感谢网络的渲染，父母的言传身教，以及最近盛行的父母"鸡娃"式焦虑，让我们时常陷入"糟糕父母综合征"的深渊。这意味着我们要对我们无法控制的事情负责，如果搞砸了就只能责怪自己，不管面临多么离谱的情况，我们都要严格要求自己。一旦我们习惯于掏出那张消极地图，或者习惯性地给自己插上第二支箭，那么日常生活中每一个难题都会变成一场投票——要给女儿准备什么便当？怎么才能让儿子记住踢足球要带防滑鞋？该不该松口同意叛逆期的孩子跟朋友出去聚会？——这些选择都是对我们是不是合格父母的公投。其实，大部分时间里我们要面临的选择比这些琐事都要麻烦，所以我们会被生活打败，溃不成军。原本的一团糟会演变成一场大灾难，令人感到崩溃。

　　我称之为"沙滩日劫难"。这种状况一直都在发生，它们暗自对我们施加压力，且不轻易让人察觉。它们看似是容易处理的情况，实则是一场大灾难。但是，当我们看清其本质，我们倒也不必因为发生的事情和我们的反应而自责。

你可以设想一个场景：今天海边要举办一年一度的沙堡比赛，你们一家人都期待已久，因为去年就在那儿度过了美好时光。可惜天公不作美，外面闷热得像个熔炉，加上当地另一头那烧不尽的野火，空气十分浑浊。这不是什么大问题，但偏偏女儿的哮喘发作了，你开始担心她会不会窒息在这个闷热而又烟雾缭绕的鬼地方。你在想该怎么办。

其实这是道很简单的选择题——还要不要去海滩？可是当你们一家人只顾着为突发状况想法子，还没把整件事的经过串起来，事情就已经搞砸了。就在这时，你婆婆打电话（或者是发微信）来了，问她的宝贝孙女儿在那儿没事吧？这又让你回想起上次也是大热天带女儿出门，顿时内疚感爆棚。于是，你像任何正常的成年人一样，抓狂地挂掉了电话。

在手机上骚扰你的不一定是婆婆，也可能是烦人的同事。他们口口声声说着"抱歉啊，影响你休息了"，却在周末一大早发来消息搅扰你的清梦，只为了确认下周述职报告里的几个小问题。你当然可以等到下周一再回复，但你还是想着回个电话尽快解释清楚。这下你的伴侣不开心了。

这一天将会如何度过，答案有一百种可能性。或许你会尽量拖延时间，祈祷天气好转，但也拖延不了多久，因为再等下去停车场就挤不进了；或许你会在女儿闹着要走时大发雷霆，以伴侣没洗碗为理由发一通脾气；或许你会答应女儿，给她买心心念念的电子游戏，以此转移她的注意力（尽管你早已下定决心，不能再这样收买她，但你实在是没招了）；或许你会忍不住拿出笔记本电脑，一边唉声叹气，一边认真查看海边的天气预报，以及雾霾天对哮喘的影响有多恶劣。这无疑是在给自己制造焦虑，网络上总是实用的信息太少，负面的信息太多。不管怎么做，你都会感到不满意，却又没有别的办法。

该死！"糟糕父母综合征"又发作了！

你再次迷路，便又去找地图。这可能是你唯一可以使用的地图，你的消极地图。你开始责怪自己，没能把事情处理好。如果是合格的父母，他们要么带着家人去了海滩，要么就在家里变出了海滩——像微博上的那些辣妈，她们把沙子铺满宽敞的露台，旁边放上几棵充气椰子树，中间摆上充气的儿童泳池。别说你家没有那么大的露台，只是想想要把沙子搬到家里这件事，就足以让你打个寒战了。

你不由自主地相信，你应该从容淡定地处理好所有事情，而不是冲着伴侣大喊大叫，挂掉婆婆的电话，或者糊弄自己的小孩。合格的父母会解决掉问题，而不是被问题解决掉。但你什么也没做成，你感觉糟透了。这又给你的心理增加了一个负担，让你觉得自己辜负了孩子、家人，甚至是自己。

要是换一种方式来理解"沙滩日劫难",会怎样呢?不要把它视为能够迎刃而解、结果也让大家都满意的小状况,这样我们才能置身事外,以旁观者清的视角来观察事情的变幻。倘若我们对这场灾难能够有清晰的认知,而不是一味地责怪自己呢?想要做到这一点,就需要我们更加深入地了解整件事情的真实情况。

这种突发状况可能会是:出游的头一天深夜,你家的猫咪吐在了你的床上,你花了两个小时清理后筋疲力尽地躺回去,根本没有力气再去收拾明天出游的行李。你忍不住又想起公司可能要裁员的消息,尽管你告诉自己不要在周末想工作上的烦心事,可这些压力挥之不去。要是明天能待在家里,你还能趁着女儿不注意抽空忙会儿工作。但考虑到女儿最近在学校里也是闷闷不乐的,你觉得带她去海滩玩会儿没准能让她开心起来。再说了,女儿以前就因为哮喘错过了不少有意思的活动,总不能让她在成长过程中觉得自己什么都做不了吧!

抛开那些烦恼和压力不谈,出于增进亲子关系的急切心情,以及希望能跟伴侣多一些美好的相处时间,你真的挺想实现这次的海滩出游。最近这段时间里,你们都忙得没空创造温馨的家庭记忆,你本就因此感到内疚不已。要是取消了这次出游,孩子们肯定会生闷气、发牢骚,虽然你很爱她们,却也实在没有力气去哄她们了。

因此，尽管对女儿的身体健康有点担心，你还是会尝试说服自己：只要缩短出行的时间，既让女儿玩得开心，又不让雾霾伤到她的肺，那不就两全其美了？再说了，女儿也不一定会犯哮喘呀，提前几周给她换上新的过滤器就好啦。然后，你又开始犹豫起来。值得这样冒险吗？一旦女儿哮喘发作，她就可能会咳上好几个星期，情况严重的话还要吃带激素的药，那种药的副作用太大了！也不只是要为女儿的长远健康着想，就是只看眼前，她生病了还得跟学校请病假，你跟伴侣又得为谁推掉工作、留在家照顾孩子的事情争论不休。

混乱状况就这样变成了一场灾难。

听起来很崩溃的"沙滩日劫难"，其实还算是比较好处理的简单情况。因为假设的是你只有一个孩子，伴侣也还算顾家，能帮忙照顾，你也有一份工作能提供基础的生活和医疗保障。可是，大部分父母要处理的情况比这复杂得多。

不同的家庭有不同的故事。也许你们家的版本不是关于海滩与哮喘，也许是关于参观博物馆或者是家庭假期，也许只是某天早晨送孩子去上学。你们家的孩子不一定有哮喘，但可能有发育或者健康问题，或者像焦虑症、躁狂症之类的心理问题，更甚者可能有些自闭。不管细节如何，这些情况都有一个共同点：它们都让人感到无力、烦躁、焦虑、困惑。所以，我们只能归咎于自己没能处理好这些状况。

"沙滩日"的结局有很多种,这促使我们去权衡是否要冒险一试。我们把自己推向完美父母的道德顶端,试图从一堆错误选项中找出最优选。这些糟心事却接连不断,大大小小的都有。有时我们确实是陷入了一场灾难,有时却只是不愉快的日常状况,可它们的影响之大远比看起来要严重。像是哄孩子入睡和教孩子如厕之类的基本训练,不单单是他们成长到下一阶段的里程碑,更意味着孩子精神与身体层面上的茁壮成长。孩子们早上忘带的午餐盒,或是上音乐课需要的乐器,你是否会给他们带上?这并不只是让那一天能够圆满,更是关系到孩子的成长及自我满足感,也代表着我们作为父母,到底是在帮助孩子还是在阻碍孩子的发展。即便我们有一定的经济条件,能自由地选择是否要全职带娃,也需要搞清楚——带娃这件事,与家庭条件以及父母的精神状况无关,任何一步错误的决定,都可能毁掉孩子的一生。那么,无休止的刷屏时间呢?这可是终极的潘多拉魔盒。(如果你不了解这个希腊神话故事,那让我来告诉你,一旦打开潘多拉魔盒,就会释放出一股邪恶的诅咒,对人类身心健康的双重诅咒。所以,关于刷屏时长的隐喻确实意义深远。)

起初只是关于周末去海边游玩几个小时的小问题,现如今又牵扯出一系列担忧:女儿的心理健康问题以及在学校的表现,你的亲子关系和夫妻关系能否和谐,你是否认可自己是一个懂得关心、照顾孩子的合格家长，以及你的孩子是否能呼吸顺畅。想了这么多，你甚至连一杯咖啡都还没喝完。

身体的疲惫，工作和生活的双重压力，女儿的幸福和健康，你对"称职父母"的追求。这么多的导火索，这么多的压力源，这么多的第一支箭。在踩地雷般的错误选择里，只有一件事能扭转局面——顺顺利利去海滩，开开心心玩一天。其实，你只是那一刻想得太多，神经系统已经超负荷，导致大脑宕机了。你不必再纠结于各种育儿选择，你正面临着对自己和孩子的威胁。

所有的"沙滩日"之箭，都在迫使你做出选择：战斗还是逃避？

→ 负反应：我们是如何崩溃的——战斗、逃跑、冻结、抓狂、讨好、修复

世界越来越复杂，我们的反应也越来越多样。人们生存本能的反应不再局限于战斗和逃跑，还包括了冻结、抓狂、讨好和修复。这些反应在生活中以多种形式呈现，本质上并没有什么问题。有时候这些本能反应能起到正面作用，比如你看到自家孩子喘不过气来，就需要赶紧送他去医院，或者看到自己的小宝贝跟跟跄跄地走向马路中间，你要一把把他拽回来。但是，当这些"负反应"被第二支

箭的消极思想激发时，被我们那自以为能够且应该掌控局势的执念激发时，养育孩子就变得更加辛苦、更有压力、更棘手了。

每当这时候，我们才察觉到场面已然失控。我们自以为能够保持淡定，耐心地妥善处理好所有事情；如果做不到，我们就会认为自己是个废物。倘若我们能看清楚这些状况的本质——它们本身就是烦人的糟心事！——我们就不会那么崩溃了。学着去认识这些反应模式：战斗、逃跑、冻结、抓狂、讨好、修复。这些都属于本能的反应，并非我们育儿能力的表现。记住这些，应该有助于减轻我们的愧疚感。

读一读以下几段内容，看看你更符合哪种倾向。你是喜欢争吵还是逃避呢？你会在遇到困难时逃之夭夭吗？（不仅指人躲起来，也包括心理或情感层面的回避。）请记住，即使是在同一天，你身上也可能会出现不同的反应，这取决于那天的导火索是什么，是什么人或什么事激怒了你，以及你当天的精力是否旺盛。

战斗。不是要你跟一只熊或者把校门口堵得水泄不通的陪读父母打上一架。大多数情况下，我们会与生活中形形色色的人产生矛盾、激化矛盾，进而发生战斗。他们可能是你的朋友、家人、在停车场跟你抢车位的混蛋、在网络上发表短见薄识的键盘侠，总之都是生活中经常遇见的人。我并不是说所有的冲突都源自本能反应，都是无益的；确实有时候争论和分歧是必要的。我只是想提醒你，当你下一次张牙舞爪想对网络喷子重拳出击时，或者撸起袖子想收拾你那把脏袜子乱扔的孩子时，你的心里应该竖起红色警告牌——你已经陷入了崩溃。

逃跑。这些身中"第三支箭"的反应包括：在百货商场多逛了一个小时，多喝了一瓶啤酒，把自己锁在房间里暴食巧克力等零食，或者干脆关掉手机玩失联。我们有各种各样的办法来逃避生活的苦痛和糟糕的情绪，可以让自己沉浸于工作、运动、购物、饮酒、游戏，让自己去追求完美、打拼事业、培养兴趣、投身志愿服务、扩大家庭责任——去做任何能让我们逃避问题的事，这样我们就不会时常感到恐惧不安或者内疚自责。再次提醒，逃跑本不是一件坏事，但久而久之就成了坏事。

冻结。大部分人认为，冻结的表现就是大眼瞪小眼，一动也不动，如同一只闯入车道的小鹿，被刺耳的刹车声吓得走不动道。其实，冻结也是常有的事情，通常出现在自己或孩子遭受威胁时，我们可能会表现出反应迟钝、有气无力、头昏脑涨等症状，这都属于心理层面上的麻木呆滞。你会变得不知道接下来该怎么办，甚至失去最简单的判断能力。最终，某些情况下（尤其是对经历过严重创伤的人而言），冻结也可以表现为脱离现实、产生幻觉。

抓狂。情绪失控、大发雷霆、张牙舞爪、失去理智——不管你怎么形容，听起来就是这么夸张。每个人抓狂的表现也是各有千秋，包括大喊大叫、辱骂、诅咒，可以是面对面掐架，也可以是在网络上互喷，甚至在邮件或短信里留下恶言恶语（没错，这也属于大喊大叫）。有的人会号啕大哭、用力摔门、扔掉遥控器。我们的情绪无限放大，将我们吞噬，于是我们爆发了。随之而来的，是自我怀疑、自我批评和情绪大爆炸。

讨好。这一点你可能会觉得不可思议，且听我慢慢道来。讨好的表现是：为了让朋友、家人或是其他同伴开心，卑躬屈膝、赔着笑脸去满足他们的一切需要。你能想明白最好，但要是迟迟无法摆脱这种束缚，你就会一直继续讨好下去，不是吗？很多时候，这种束缚来自你那让人抓狂的小宝宝、正处于叛逆期的青少年。所以才会有那么多的父母溺爱子女，无条件地满足孩子的要求，好像只有这样才能哄孩子开心。结果呢，父母们还是会忍无可忍，以大发脾气收尾。总体而言，讨好他人会把我们的边界感消磨殆尽，也属于自我谴责的另一种形式。

修复。修复是我的一个必杀技，但我花了很长时间才意识到，它可能毫无帮助。修复的行为包括寻求建议、咨询专家、阅读育儿手册（或者像我一样写书）、上网查阅相关文章，然后再做计划、列清单，买一堆必需品，事无巨细地照看孩子的生活，或是尝试为力所不能及的事情负责。修复行为是个烟幕弹，它看似非常有效，但取决于你的动机是否单纯、心态是否平稳、所作所为是否合理。下一章会更深入地解析这个问题。但你必须分清楚，你想修复的东西是已经支离破碎但还能破镜重圆呢（比如脚踝骨折），还是它既没有破碎也无法修复（比如你的孩子不可能活成你理想中的模样）？这样的挑战在生活中可太多了。

再说回"沙滩日"。既然你已经意识到第一轮箭雨正在射向你，你的神经系统可能已经将它们视为威胁，那么情况便与之前截然不同了。你做出的任何反应都不再证明你是糟糕的父亲（或母亲），它们只是你大脑宕机前的正常反应：可能是挂掉婆婆的电话（属于战斗）、对同事的问题视而不见（属于逃跑）、迟迟无法下定决心（属于冻结）、对伴侣咆哮（属于抓狂）、用玩具收买女儿（属于讨好）、盯着天气预报不放（属于修复）。以上反应都有一个共同点：它们都属于潜意识或者下意识的行为。我们会下意识地认为事情已经无法挽回（事实上可能还有挽回的余地），会觉得自己有责任去修复（通常是无法修复的），如果我们做不到，就说明自己无能（尽管它本来就很难解决）。

也许你会找到一条通往海滩的路，也许你会回过头复盘整个情况，并且认定自己做出了正确的选择，也许恰恰相反。谁知道呢？你的女儿可能会大发脾气，也可能会设法振作起来。不管结局如何，想要让育儿过程更轻松容易，你就要置身事外地做出客观评判。记住，你不必解决所有问题，你只需要做好为人父母的本职，而不是逼迫自己成为完美的家长。扔掉那张消极地图，巧妙地躲开第二支箭，你的身心都将得到放松，在面对养育孩子的挑战时，你会变得沉着冷静、运筹帷幄、信心满满。

> 巴弟帕卡萨是一位著名的禅修导师，他认为人们的大脑就像人肉电脑。尽管这个比喻可能令人不舒服，但也提醒了我们。我们的大脑再怎么不可思议、富有共情心和创造力，归根结底也只是水、脂肪、蛋白质和碳水化合物的集合。哎呀！这哪还是人肉电脑，分明就是汉堡大脑。不要误会我的意思，人们的大脑远比汉堡大脑聪明多了。但是你要知道，想要大脑飞速运转起来是有一定条件的，而这些条件并不是每次都能够满足。

第三章

自我关怀是你的秘密武器

在本书第一章的开头，我早已直言不讳：谈到养育孩子，就该预料到会状况百出。在此过程中，你会感到吵闹、混乱、矛盾以及压力巨大。而这也正是我们抱薪救火的原因：我们总是理所当然地认为，把事情搞砸了当然会出现混乱。

事实并非如此。如果你去词典上查"混乱"这个词，它的解释不只是"无序"和"扰乱"，还表示着自然系统中固有的不可预测性。我们的家庭也属于自然系统，当然也会存在混乱的状况，而且是一直都有的。

混乱状况不是指事情变得糟糕，它本身就是生活的常态。

这种对养育孩子的描述是如此真实：一个家庭的成员越多，你要经历的混乱状况就越多，尤其是有的孩子喜欢对着盆栽小便，或者喜欢拿着炸鱼条在厨房里乱扔。这里我想说的是，混乱状况不足为奇。养育孩子的过程从来都摆脱不了始料未及、令人困惑、杂乱无章的状况。过去如此，将来也会如此。但我们还是要全力以赴，乘风破浪。为了不被海浪击倒，我们要修炼出随时能够掉头重来的技能，那便是自我关怀。

如果你未曾听说过自我关怀，欢迎你现在加入组织。我可不只是其中一员，我是主导者。我本科就读的是心理学，还获得了临床社会工作的硕士和博士学位，并积累了十年以上的相关工作经验。

其实，我第一次接触"自我关怀"是在课堂上，当时导师让我们给自己写祝福语，我差点没忍住笑出声。到底是谁想出来的这么荒谬的词语？我忍不住联想出一连串胖乎乎的卡通心和亮闪闪的彩虹从我眼前飘过。我才不需要什么祝福语，我只想知道怎样才能让自己从萎靡状态中振作起来。我早就报名了正念减压（MBSR）选修课，希望能从中学习到如何变得更沉着冷静、更富有耐心。每一位参与者似乎都完全接受了课程中充满爱意的瞎扯，没有人站出来表达对课程的不尊重，所以我也努力保持沉默。尽管如此，我内心深处一直克制的那个任性小孩（其实是个任性的大人）还是无法掩饰自己，但我绝不强迫自己说那些言不由衷的祝福语。我根本没办法做这些事。

我知道不只我一个人对自我关怀的概念有误解，也不理解为什么要在这上面耗费宝贵的时间和精力。大多数人认为自我关怀是三种状态的结合，即自吹自擂、钻牛角尖、自顾自怜。没错，它的确能给我们带来昙花一现的愉悦，但倘若我们想让生活发生长远的改变，还需要我们再接再厉、全力以赴，沉下心来，不要走马观花。

至少我是这么告诉自己的。

这个问题不仅是我个人必须考虑的，你们可能也在想：这个办法怎么能奏效呢？老实说，你真的能强迫自己表现得更好吗？是否亲手将第二支箭插入伤口？是否不断给自己洗脑，让自己成为期望中的那种父亲（或母亲）？这些对我来说都不管用，当然不是因为我不够努力。不出意外的话，以上行为对你们来说也不会奏效。抛开一切对自我关怀的偏见与误解是非常关键的一步，这样我们才能丢掉消极地图，避免被第二支箭射伤，转而求助于关注、共情、好奇和仁爱。我们就从这里开始吧。

哪些不是自我关怀

关于自我关怀的误解可以列出很多。它不是我们牵强的自夸，或是面对烂摊子假装无事发生，也不是破罐子破摔。至关重要的是，我们要学会辨识虚情假意的情绪和经历，尽管它们可以让你稍微好受一点，但这与自我关怀完全不同——而且远没有自我关怀有效。

自我关怀并非嬉皮士的幻想。这可不是什么气定神闲之人饮着康普茶，拨弄着风铃时想出来的天马行空的好主意。自我关怀是一种正向反馈，让我们在最痛苦的时刻，依然保持关注、共情心、好奇心和仁爱之心。越来越多的专项研究为这一观点提供了理论支撑。如果你对自我关怀这一课题感兴趣，请仔细阅读本书第九章。

自我关怀并非自怨自艾。让我们再回看那场糟糕的徒步旅行，多么遗憾啊——你一头栽倒在木桩上，开始号啕大哭，因为你对眼下的情况无能为力。"我真是差劲啊！"你跟家人哭诉着，"我明明什么也做不好，为什么要开这个头呢？你们说得对，我一开始就不应该计划这次可怕的徒步旅行。我真是个糟糕的伴侣，更是个差劲的家长。你们走吧，带孩子去迷你高尔夫球场。把我留在这儿吧！我活该一个人迷失在这片树林里……"

人们很容易混淆自我关怀与自怨自艾。毋庸置疑，两者都包含了对自我遭遇的痛苦认知，但区别在于：自我关怀是消除痛苦，自怨自艾是沉溺痛苦。它常常在我们神经紧绷的状态下被激发，提醒我们是多么的悲摧可怜，我们的生活是多么糟糕，我们就活该不停地被第三支箭所刺伤。于是，我们彻底沦陷在痛苦的遭遇中无法自拔，看不到一点希望和曙光。虽然让自己与悲伤融为一体会感觉好受一些，可是天下没有不散的筵席，这场遗憾派对也终将结束。我们的所作所为不过是惹恼了身边的所有人，然后在潜意识里不断强化这一想法——是自己搞砸了这一切。

自我关怀并非自我放纵。自我放纵更像是遗憾派对的翻版，我们就此认定自己是最差劲的人，成事不足败事有余。所以，管它呢，为什么不再来一杯酒，再吃一盒冰激凌，或是买下那件你加入购物车已久、价格过高的月夜狼嚎印花衬衣呢？我们陷入自卑的速度是如此之快，以至于自己都没反应过来，就已经冲进厨房开始暴饮暴食，或者拿起键盘宣泄愤怒。我们奔向一切事物——以为它能帮我们逃避负面情绪——我们当然知道负面情绪正潜伏在身边的某个角落，所以努力地不去触碰它。

正如自怨自艾一样，那些促使我们突发奇想的第三支箭，也能让人在某个瞬间感到无比的心烦意乱。冲动消费和暴饮暴食永远比直面恐惧、暴怒、内疚、困惑和焦虑更为轻松。可是，这种解脱都是暂时的，放纵留下的只有巨额信用卡账单、超标的体脂率，一切恶果都将随之而来。不仅如此，我们越是想要逃离内心的阴暗角落，逃得越远越快，这种感受就会越强烈。不管我们是否意识到放纵竟然具有如此的攻击性，如此可怕，能明目张胆地毁掉我们的一切，我们都将无能为力。

自我关怀并非摆脱困境。大多数人都习惯于在拔出第一支箭后，马上再插入第二支箭。每当犯下错误或是决策失误，我们就觉得只有严惩自己才能避免再犯，于是严厉地批评自己、对自己发脾气，并不断提醒自己：你再不赶紧做出改变，就这样窝囊一辈子吧！

这不仅是一派胡言，而且还助长了一种普遍存在的、很有问题的观念，即任何形式的自我关怀，都只是为了摆脱困境。我们不该为自己的错误买单吗？如果没有原则，没有惩罚，也没有策略，那么我们怎么吸取教训呢？又怎么能保证不重蹈覆辙呢？

其实，自我关怀不是让你把头埋到沙子里，不是让你掩耳盗铃。恰恰相反，正是我们内心的恐惧让我们迷失了方向。如果你相信我们可以理解并且接纳自己，那么无论

当父母努力想找出最好的方法，让孩子们放慢脚步、三思而后行、行为举止得体、对我们言听计从的时候，有些想法总是萦绕在脑海中：我们是不是该揍他们一顿，拿走他们的电子设备，让他们消停一会儿，好好反思自己的所作所为？还是应该与他们共情，并且表示理解？答案是应该两者兼备。我们可以与孩子共情，对他们的经历表示好奇，然后善待他们——但这并不妨碍我们立下规矩，抱有期望，必要时对他们进行适当的管教。更多详情请见本书第八章。

困境有多么艰难，来得多么猝不及防，我们都可以坦然地面对它。在沉着冷静的状态下，我们才能搞清楚到底发生了什么，然后有条不紊地推动下一步发展。

自我关怀并非自尊。 自尊这个时髦术语，与其说是表示我们对自己的看法，倒不如说是自我评价更准确一些。一个人的自尊心比较强的时候，会自我感觉良好，充满自信，并且知道自己在全力以赴。这样当然很棒，但也存在一个严重的问题：归根结底，这种自我评价几乎都取决于外部环境以及世俗意义上的成功，而我们很难或者说根本无法掌控它。即使我们每一次都做出了正确的选择，并且为之努力，结果也可能依然不尽如人意；即使我们专注于自身，坏消息也还是从天而降，摧毁我们的生活，以及我们的自尊。

更麻烦的是，父母的自尊牵系于孩子们的优劣表现和成功与否。蹒跚学步的孩子真正迈出了第一步；孩子带回家一张优秀的成绩单；兄弟姐妹们乖乖坐在座位上不吵不闹。看到这些，我们会瞬间自我感觉良好。只要孩子们开心，我们也心情愉悦。如果我们能培养出完美的孩子，让他们不错过任何一个发育里程碑，不在卧室的墙壁上乱画，不在数学课上摔椅子，那该多好啊！但是，世界上哪有十全十美的事呢？倘若我们自身的感受依赖于孩子们的感受和行为，那么一切都会很快崩盘。当然，这并不是孩子或我们自身的问题，而是根据结果来评判的，自己很难得到好的答案。

幸运的是，自我关怀不需要考虑结果如何、成功与否，也不在乎孩子们的所作所为。自我关怀只是用善意去接纳我们的痛苦，无论发生了多么糟心的事。

自我关怀并非自我提升。如果将生活中遇到的挑战和混乱状况都归咎于自身，那么我们就很容易理解，为什么会有这么多人试图通过自我提升来寻找安慰：如果我们的身材能够更好，如果我们会冥想，如果我们能找到合适的育儿课或心理医生，也许我们就能振作起来，成为更好的父母。

让人非常困惑的是，运动、上育儿课、进行冥想和心理治疗等方式的确效果显著。这些行为习惯已然成为我生活中不可缺少的一部分，我还经常推荐他人去尝试。但是，如果你想要提升自我的原因，是坚信自己本身就有缺陷而需要改进，那么自我提升很快就会成为第二支甚至第三支箭。哪怕是最好的健身课或者自我救助的书籍，也都无济于事。

但是，如果我们采取这些举措的时候心怀关爱与同情，发自内心地照顾自己的情绪，而不是一味地修补，那么将会是一种完全不同的体验。我们不会再弄伤自己，而是处理好伤口，尽力避免日后再遭遇第一箭，虽然不一定能百分百避开，但也没关系。所以，在你状态不佳时，你的朋友是告诫你你的状态有多糟糕，要打起精神，还是花时间倾听你的诉苦后，邀请你去远足或是跟他一起上心理课，两者的区别我想你应该清楚明了。正如著名心理学家卡尔·罗杰斯（Carl

Rogers）曾经说过的："这是个有趣的悖论——当我接受自己本来的样子时，我才能做出改变。"

→ 哪些是自我关怀

想象一下，如果在你身边的不是一个说你各种不是的烦人精，而是你的朋友——一个对你了如指掌的朋友，懂你为人父母的烦恼和不甘，理解你想要逃离现实、想让孩子们闭嘴还自己一片清净的想法，看穿你所有的谎言和刻薄，明知道你一次次破戒喝酒、减肥失败、出尔反尔，却还陪在你身边的朋友。你要知道，他或他们一直都爱着你。他们会坐在你家的椅子上，笑看你打孩子，看你为工作焦头烂额，看你把厨房搞得乱七八糟，直到你冷静下来。

倘若这位朋友能随时出现在你身边，在每一次你需要直面现实，或者需要鼓励，或者需要敲响警钟时，他都会告诉你迷失方向的人不止你一个，那会怎么样？如果有这样的朋友在身边，你一定能缓解你的内疚，消除你的疑惑，慢慢地你的生活也会变得更轻松。

我想你已经发现了，这个朋友其实就是你自己。你可以抛开永无止境的比较和自我评价，去寻求支持，去总结经验、吸取教训，去善待自己，就像善待一个遇到困难的好友一样。

自我关怀需要意识到养育子女的过程就是状况百出的，它本就存在不可预测性，所以不必为此而自责。自我关怀只是让我们注意到自己已经情绪低落，不要再苛责自己了。自我关怀能帮我们解除战斗或逃跑模式，开启照顾和友善模式。照顾和友善并不只是说着好听，它们是面对威胁时的一种进化效应。战士们在外战斗和防御时，洞穴里的人就要专心保护宝宝的安全（属于照顾），并且相互支持（属于友善）。

虽然照顾和友善并不是养育孩子的基本要求，但是在当代社会（不再以生存为第一要义）育儿历程的艰难时刻，它们展现出了令人惊讶的效果。我们的孩子能不受威胁，处于健康且安全的状态，这令我们感到放松。我们还可以安心地享受悠闲的下午时光，是因为照顾孩子的重担不再

> 人们可能会想当然地认为，父亲负责战斗或逃跑，母亲负责照顾和友善。这在过去可能还说得通，那时候性别和角色分工更为鲜明，男性外出狩猎，女性则务农、打扫洞穴和照顾婴儿。但毋庸置疑的是，父亲也是关心孩子的，母亲也愿意为孩子而战。如今，越来越多的母亲外出工作，越来越多的父亲也花费心思照顾孩子，每个人都生活在水深火热中，每个人都在战斗和逃跑，每个人也都可以随时切换成照顾和友善模式。

落在父母一方身上。这样一想，相比从前，现在养育孩子还真是轻松不少。

　　此时此刻，你可能正在给自己加油打气：我一直都保持着关怀、体贴，我把孩子照顾得很好。我给他们喂饭，给他们洗澡，追在他们屁股后面跑，给他们擦眼泪，带他们去医院看病，催他们写作业，控制他们使用电子产品的时间，该做的我都已经做了。再说友善，我也已经尽力了。我每周给我妈打两次电话，接孩子放学时也跟其他家长闲聊，下了班也会跟朋友打打牌，已经做得够多了吧！

　　如果照顾和友善这么有用，那么我为什么还是开心不起来呢？你已经做得够好了（我也是）。你工作这么努力，为了孩子、家庭、单位和他人付出了这么多。并不是说这样不对，只是你忘了关心照顾自己。所以，现在你该把注意力放在照顾自己、善待自己这件事上，而不是更卖力地工作，或者去做更多其他的事情——这与我们要做的南辕北辙。每当感到有压力、有负担时，你就该关注自身的感受。你只需尝试一次，便会感到受益匪浅。

→ 自我关怀的益处

　　如果有人给我推销"自我关怀"药片，我会看看它的主治功能，然后觉得简直一派胡言。上面写着：它能缓解焦虑和抑郁、增强幸福感和适应能力、巩固人际关系、改善行为习惯，让你对孩子更有耐心，帮你马上还清车贷。好吧，最后一个有点悬，但其他的都能实现，越来越多的专业机构都投入了研发呢。

这就像你摸出来的不是一张破烂地图，而是一张神奇的地图，只是它没有魔法。就像你身边总有人陪伴，这个人之前和你一起迷路，却总是整装待发；这个人见过你躺在地上的狼狈模样，却还是愿意留下来陪你喝咖啡聊天。鉴于现实生活中很难遇到这样的人，你可能很难想象这会是一种怎样的感觉，以及会如何影响我们的感受和生活方式。所以自我关怀需要练习，按照我们想要的方式来照顾自己，并且不断地重复，直到你不再需要想象任何场景，因为你的生活已然成了你想象中的模样。

想了解自我关怀的益处，最简单的办法就是回到那个状况百出的"沙滩日劫难"。压力、焦虑、进退两难的选择、莫名的胜负欲，统统向我们席卷而来，并激发出我们的负面反应——应激激素（如皮质醇和肾上腺素）飙升，肌肉开始紧绷，呼吸变得急促，前额叶皮质（大脑中稳定情绪、做出预判、进行思考的部分）在关键时刻掉线了。相反，大脑底部的杏仁体（一个注意力不集中的叛逆小孩）开始掌握局势，于是你满脑子只想着躲避威胁和危险。此时，大脑开始沉迷于回顾过去，试图从过往经验中找到线索，并预判接下来的行动，也预设出了所有不好的结果。

尽管我们的大脑已经尽力提供帮助了，但思维却偏离了轨道。在我们搞清楚到底发生了什么之前，"沙滩日"其实是个很好的契机，或许能纠正我们之前错误的育儿方式，抑或能杜绝日后的种种问题。这种想法透露出的引申意义是，如果你无法解决问题（你肯定无能为力，因为养育孩子本就是状况百出），那你就是一个糟糕的父亲（或母亲）。

你还以为海滩上最糟糕的事，就是到处都是沙子。

所幸天无绝人之路。我们还可以选择稍作等候，等到前额叶皮质再次上线，反应过来当下的情况。我们这么做的时候，相当于给了自己一个机会，也是一个出口。请记住：混乱状况是常态，我们要拼尽全力从疯狂行驶的快车上跳下来，回到踏实的地面上。关怀能让威胁系统失效，同时激活我们的信念系统，从而降低应激激素，增加催产素（产生信任感和安全感的一种激素）。果然，人越是感到平静和安全，就越能轻松应对哪怕是最棘手的情况。

简而言之，关怀可以帮助我们清理精神垃圾：责备、羞愧、焦虑、杞人忧天。这样我们就能扔掉那张消极地图，拿出一张更好的地图。这张地图能让我们冷静下来，进行创造性的思考，然后自信满满地出发。

见鬼，这样的概括也太抽象了。

只要我们心里明白：哪怕是天塌下来了也会有人帮你

顶着、你又不是一个人在战斗、养育孩子对所有人而言都是一件苦差事，我们就可以弥补错误，从混乱中找到出路。这样一想，是不是又觉得生活也没那么艰难，我们也并非无计可施？只要你开始关心照顾自己、善待自己，你和孩子就能体验到养育孩子的四大好处（它们的英文都是以"C"开头的）。

→ 四大好处：冷静、清晰、创造和自信

冷静

　　如果你的老板对你总是破口大骂，你的父母对你总是恶语相向，或者你自己总是默默地在心里自我审判，那么你一定备感压力。这些很难让你集中注意力（如果他们不断地跟你说，这一切都糟糕透了，或者责怪你把事情搞得更糟，你还能打起精神吗？），一旦触发"战斗-逃跑反应"，我们很可能会开始大喊大叫、批评或辱骂他人，即使我们不想变成这样的人。如果我们能记住混乱状况并不是一件坏事（尽管它给人的感觉并不好），记住我们并不是要争夺"史上最糟糕父母奖"，我们就能从高度警惕中解脱出来，马上开启照顾和友善模式。只要我们记起那些与人共情、保持好奇和友善的方法和技巧（目前你可能还没有掌握，等你看完这本书就会了），我们就能很快冷静下来。

> 不管发生了什么，你要清楚各种混乱状况都只是养育孩子必经的劫难之一，所以不要因此责怪自己。每当你觉得生活、家庭、孩子、家务或工作都失控了，想把一切错误都归咎于自己时，请记住，**"混乱状况"** 代表着 **"关怀有助于减轻痛苦"**。

清晰

一旦你冷静下来，把所有（至少是大部分）轻蔑和批评的话语从脑海中清除出去，你就能更清晰地把握全局。你将不再被任何事情蒙蔽双眼，对往事的追悔莫及、对来日的焦虑不安、对世间万物的困惑，都不会再影响你。以"沙滩日劫难"为例，如果你能够静下心来，弄清楚到底发生了什么，你可能会意识到：

1）是否要在炎热的雾霾天去海边玩耍，本就是一件难以决定的事情。不仅对你而言如此，对其他人也一样。

2）而且，根本就没有完美的解决办法，甚至找不出更好的方案。再次说明，这不是因为你没有努力去想办法解决，而是因为完美的方案根本不存在。

3）还有，你当下做出的选择，其实并不会影响你的亲子关系和孩子的未来。

4）或者，你完全不知道该怎么办了，你需要帮助。

5）再或者，你可能没有想到还有另外的备选方案，这也引出了自我关怀的下一个好处。

创造

我不知道有谁在快要完蛋或者一团糟的处境中，还能进行创造性思考。何况还要考虑到家里每位成员的怪癖、喜好和特点，就更没有一劳永逸的办法了。你必须进行创造性思考——比如，有位母亲在孩子们的汽车座椅中间放了纸板隔开，以防他们在车里打架；还有一位父亲，周末陪孩子们模拟学前准备，只为让他们学会收拾书包和穿鞋；一对父母在晚餐时举办了"嘎吱嘎吱"大赛，为了让孩子多吃点蔬菜；还有一对父母，给女儿做了个"美梦盒子"，里面装满了写有各种各样美梦的纸条，从而帮助女儿摆脱噩梦的困扰。以上例子中的父母都很有创造力，但这属于不同家庭和不同情况下独一无二的创造力，并不是从别人那儿学来的。不过，只要我们越冷静，越能看清形势，想出创造性方案的概率也就越大。

自信

自卑的副作用有很多，隐藏最深的影响之一就是自我怀疑。不管导火索是什么，一旦我们陷入羞愧和内疚的旋涡，我们就很难相信自己。到底要不要去那该死的海滩？孩子撒谎我该怎么办？或者什么时候适合给他们做缺陷测试？这些问题已经很难解决了，即使我们没打算依赖地图来导航，但地图上却写着："你确定是这样走吗？你上次就搞错了，这次难道就有把握走对吗？"

我们越能以关怀之心来应对生活中的混乱状况，保持冷静、清晰、创造的心态，对自己的育儿能力就越有信心。但有一点，这并不能保证你永远不犯错，也不能保证事情可以顺利进行。这当然不可能啦！第一支箭是无法躲避的。但是，当你知道不会再有第二支箭飞来时，你便可以更加自信地去迎接下一个挑战了。

→ 自我关怀如何帮助我们的孩子

我们的自我关怀在许多方面有益于孩子。如果不再纠结于那些没处理好的烦心事，我们便能维持好现状，对孩子也能耐心教导，不管育儿之路向我们射出多少第一支箭，我们都不会受影响。面对不可避免的混乱状况和冲突与争执，我们只要保持冷静，便能想出兼具创造性和自信的应对方法，紧张的家庭矛盾和氛围也能随之缓和。养育孩子变得更轻松、更顺利，我们也就摆脱了负面反应，以及随之而来的羞耻和责备。

所以，自我关怀可真厉害啊！

别急着夸！好处还不止这些呢。想象一下，如果轻蔑和关怀是语言而非行为，又会怎样呢？大多数成年人在成长过程中并没有说过"关怀"的语言，主要是因为我们的父母也从未学过这门语言。对许多人来说，自我关怀就像是一个人的第二语言——我们说它时总是带点儿口音。当我们身心疲惫的时候，我们可能很难找到合适的词语来表达自己。但是，我们的孩子不用像我们这样。我们可以教他们如何与人共情、保持好奇、善待自己，而不是在第一支箭射来时，教他们说自卑的话。

"关怀"完全可以成为我们孩子的母语，成为一种本能反应。每当他们想挣脱人生的第一支箭，他们都能学会如何保持冷静、清晰的思考，并且给出深思熟虑的答案。但就像学习一门真正的语言一样，这不是一朝一夕就能学会的。这一路上会有很多怪人怪事、飞来横祸，而我们所能做的就是自我关怀，理解养育孩子的不易。我们的孩子也会耳濡目染，他们看到我们善待自己，久而久之，他们也会学着善待自己。

▼

请记住最重要的一点：自我关怀不仅仅是让自己摆脱困境，更是一个极其强大的赋能练习，能帮助你冷静下来，清晰地思考，从而在养育孩子这件事上更具创造力和自信心。

第四章

自我关怀始于注意

"生活就像马戏团"

父母们都喜欢用马戏团打比喻，原因显而易见。马戏团又脏又臭，到处都是你不喜欢的动物。可惜，我们无法放松心情欣赏盘子在空中旋转，而只会担心要是掉下来该谁来清理。当然不能放轻松了，因为我们把自己当成了马戏团领班，我们的工作就是盯紧空中飞人、走钢丝的人和驯兽师，检查好安全网和演出服，确保一切准备就绪，并在车子出发前清点所有小丑是否到齐。

我其实并不喜欢马戏团或领班的比喻，原因有以下两点：1）这个比喻让人以为，养育孩子是一种表演（如果可以卖票赚点钱倒也不错，但显然是想得美）；2）这意味着，我们要掌控每一个混乱时刻。

你也知道，试图控制第一支混乱之箭是什么感觉。

即便如此，大部分人还是沉浸于掌控生活的混乱，甚至没有留意脑子里的马戏团表演。我的意思是，一旦场面失控，那些脑子里的猴子就开始扔第二支箭。它们告诉我们，一个出色的马戏团领班，一个称职的家长，都应该能更好地掌控每一场演出。

但问题是：与普遍性的观念恰恰相反，马戏团领班的职责并不在于确保每一场演出都圆满结束。倘若如此，他们就要在整个演出过程中来回奔波，一会儿要收紧绳子，一会儿要提醒独轮车演员集中注意力，一会儿又要盯着空中飞人确保其安全。观众们也会忙着看你跑来跑去，没心思看表演了——不论表演是不是精彩。这样做不仅让整个舞台显得混乱无序，观众们还会错过许多精彩的表演。

领班不必担心每一个细节。之所以需要领班，有两个完全不同的原因。首先是为了带动观众们的情绪，营造气氛。我们的大脑已经非常厉害了，非常善于营造气氛，因此无须面面俱到。

所以，我们应该专注于领班的另一项工作——把观众的注意力分散到舞台的各个部分。正如领班一贯所做的那样，他们要让观众专注于每一场演出，要杜绝表演之间衔接不上、设备移动不及时、演员不小心摔倒和潜在的失误等事件的发生，以免影响观众的观感。

马戏团演员都知道，每场演出都可能会有闪失，所以他们准备了安全网。尽管他们十年如一日地练习，既专业又经验丰富，但有时候还是难免会跌落到网上。他们并不期待演出十全十美，我们也不必有太大压力。我们大家都需要一张安全网，没错，我说的正是自我关怀。

为了完成所有表演，领班必须关注每一段表演和整场演出的进展，而不是只盯着某个细节不放。领班要清楚地知道周围发生的事情，但也要保持界限感，统筹全局，以便保持冷静、有的放矢地安排下一步工作。

这正是我希望你和你的大脑之间建立的联系。当你大脑里的猴子开始向你扔第二支箭，而你并未被它们所困时，你就能够注意到这是练习自我关怀的第一步，也是至关重要的一步。你永远不可能完全摆脱自我孤立、自我批判和自卑的负面情感倾向。这相当于经营一个完美的马戏团，是比登天还难的事情。我们的大脑根本就不是这样运转的，但这没关系！相反，我们的目标是尽力掌控局面，留意脑海中上演的戏剧，但不要被卷入负面情绪中。

注意力看似是一点儿观念上的转变，但它在以下几点中发挥着强大的作用：

·置身混乱之外有助于提醒我们：我们不用对自己和孩子生活里的每一件事负责。是的，我们要给孩子以支持、教育和鼓励，而不是去掌控他们的决定和行为。以为自己能掌控那些本就不可控的情况，极有可能会让我们患上"糟糕父母综合征"。

·当我们深陷混乱而不可自拔时,我们就会错过那些美妙、惊奇且快乐的瞬间,而这些瞬间原本会提醒我们:也许我们的育儿之道并没有那么糟糕。

·最后一点,如果总是因为脑海中的噪声和闪光灯而分心,那我们就没有脑容量来察觉我们正在经历的痛苦和挣扎。这会导致我们无法逃离那些讨厌的猴子,无法做到发自内心的自我关怀。

注意力是践行自我关怀的关键步骤,它看似很简单,以至于大家都以为自己清楚该怎么做。我敢打赌,其中有不少事情会让你感到震惊,我们将在本章进行深入探讨。我们要弄明白到底什么是注意力、注意力的难点是什么、如何获得注意力、应该注意什么,以及如何练习注意力。

→ 为什么很难获得注意力

我们的大脑其实是很疯狂的,尽管它能一直注意事物,但并不是具有目的性地、持续有效地保持注意。我们可能会在睡前的思想斗争中挣扎许久,才发现我们都过于内耗,无法理性地思考,唯一理智的选择就是让孩子上床睡觉,祈祷他们第二天醒来能忘记所有的烦恼。或者我们会突然注意到,心情不好可能是大脚趾抽筋的疼痛所致。我们也许会意识到，自己忘记了重新安排会议时间或忘记回复朋友的消息，于是我们赶紧及时处理手头的事情。

获得注意力是很棒的体验，它有益于我们照顾好自己和孩子，掌控混乱的局面。问题是，注意力的获得是如此随缘，就像我们根本不知道什么时候在梦游，什么时候会在关键时刻醒来一样。有时候我们能在开车前注意到放在车顶的咖啡；有时候没注意到，咖啡就洒在了挡风玻璃上。

我们的大脑不善于察觉，是因为它还没有进化到可以自然地放慢速度，休息一下，或者在持续的头脑风暴中停顿一下。反之，它已经进化到能够快速扫描周围的环境，捕捉暗藏在角落里的发光物体，还能预测未来，保存记忆，并且尽可能快地对突发情况做出本能反应——无论该反应对自己是否有帮助。一旦大脑开始运作，它就不会在乎第二支箭或者那张破地图。大脑只想让我们活着，于是它只是想扫描整个房间。

这不仅是进化在起作用，我们也在应对现代社会的挑战。我们总是倾向于同时进行多项任务，随着电子屏幕、智能手表和社交媒体劫持了我们的"人肉电脑"，我们已经成为多任务处理大师。而现实是残酷的，我们抛在空中的球越多，就越难把目光从它们身上移开，也无法注意到事情变得有多混乱，从而失去了大局观。我们没办法同时当杂技演员和马戏团领班。

但我们一直在努力兼顾所有事情，完全没有注意到自己有多分心。我们甚至没有意识到自己的思绪已经飘走，因为孩子们的叫喊声、无休止的消息通知、无关紧要的记忆、时时刻刻的担忧、突然要完成某项任务或者看完某本书的想法，又或者想起初中那个讨人厌的女生到底遭遇了什么事。然后我们还在想，为什么每天都如此紧张和疲惫。

也许，只是因为那些该死的第一支箭持续不断地向我们快速飞来，所以我们在战斗和逃跑的边缘不断徘徊，一边给我们的生存边缘系统踩下油门，另一边又给前额叶皮质踩下急刹。于是当我们最需要它的时候，大脑掌管注意力的部分却失灵了。

谈到第一支箭，有时候问题在于：一切都很糟糕，谁会想注意到这些呢？无论是尖叫的孩子，还是可怕的头条新闻，抑或是我们自己那些折磨人的想法，我们只是不想在那个马戏团里坐前排的位置。于是我们拔出第三支箭，尽量避免和分散我们对痛苦的注意力，或者对消极思想和情绪的注意力。每当这些想法和情绪准备侵入我们的意识（这是不可避免的），我们会迅速做出反应或者是逃跑，甚至没有察觉它们是如何影响我们的心情、压力、精力、睡眠以及一些基本能力的，而且我们也没有意识到自己失去了理智。大致而言，我们总是沉浸在自己脑海中的灯光、音乐和戏剧中，因为我们从来没有想过这里还有一个领班，可以帮助我们弄清楚什么是重点、什么应该放弃，以及下一步该做什么。

这就是自我关怀的力量所在。自我关怀并非诉诸某些陈词滥调，因为面对生活中真实且尖锐的箭，这些话语是那么苍白无力。相反，自我关怀是要关注我们何时被击中，并选择照顾自己。不管状况有多糟糕，只要知道我们有特殊技能和策略可以应对痛苦，一切看起来就没那么可怕了。

而这一切都始于注意力。

→ 究竟该如何获得注意力

注意力就是要意识到你的所作所为和所思所想。这样做是为了摆脱你脑中的旋转木马，你才能看清真正发生了什么事情。注意力就是你需要记住，所有想法、记忆和担忧都如同马戏团表演，它们并不一定是真实的，我们可以选择投入多少时间和精力。当我们把自己代入马戏团领班的角色，我们就能获得注意力，意识到混乱但不被其消耗，能够选择我们想要关注和需要关注的东西。

这里有个看似简单实则困难的诀窍，那就是：记住你注意到什么并不重要，重要的是注意的行为本身。我们不应该将注意的重点放在脑中马戏团的最新表演上。一旦你开始担心或者质疑自己的想法、记忆或预期，你就失去了注意力。你会陷入另一场表演,而这很可能是徒劳无功的。尽量不要评判自己,如果你再次拿出那张消极地图,也不必紧张,只需要注意到它。如果你自己都没有意识到你正抓着地图,你怎么会把它收起来呢?

1. 停止你手头正在做的所有事情。 暂时停止你手头上的事情。无论你在为什么事而思考、焦虑或忙碌,如果你需要且愿意的话,这些事情都可以稍等片刻再做。但此时此刻,把这些事情都放一放。

2. 调整呼吸。 放慢呼吸或者深呼吸,花几分钟时间专注于呼吸的频率。即便只是一分钟,短短的一分钟,也能

获得注意力的捷径。来自外界的警示——所有的警示都非常有用,只要它能提醒我们可以随时离开舞台,以旁观者的心态观看演出。虽然我并不提倡过多使用手机,但许多冥想软件里的定时器确实能激发注意力。你还可以选择随身携带一些物品,如串珠手链,石头,摘抄着名人名言、祈文或是带有照片的小笔记本,计划表,或者钱包。任何能让我们从大脑中唤醒并激发注意力的事物都很棒。

让你平静下来，对事物产生不同的看法。

3. 观察。这是能获得注意力和好奇心的方法。观察你的想法、情绪、行为，以及餐盘里的食物、孩子们在忙活什么、你们都需要什么。

4. 勇往直前。通过暂停、呼吸和观察，你总算能够平静下来了，怀着关切、好奇和友善之心，目标明确地大步往前走。

→ 应该注意些什么

每当马戏团领班走到剧场中央，他们就必须决定要注意什么，以及如何应对所注意到的东西。关怀就是强有力的回应，我们终将获得这个能力。但现在，我们要把重心放在应该注意什么上。我猜领班也不会把心思放在角落的那堆马粪，或是卖棉花糖的小贩身上。他们专注于主秀场、演员们，还有一些主要的工作人员，负责提醒台词和下一步流程，确保演出能够顺利进行。

最终，我们的目的是注意到第一支箭和我们对它们的反应，以及第二支轻蔑之箭和第三支逃跑之箭。你当然可以深入了解甚至是立即开始注意，但是从更细小、更具体的经历开始练习也很有帮助。建议你从此刻开始，注意你的所思所想、身体知觉和感受。你不断地引导自我意识去关注这些问题，自然而然地就能注意到什么时候事情开始变得糟糕,什么时候你又在责怪自己。

此时此刻

　　此时此刻发生的任何事情,都可以是一个很好的开始。它会让你从痛苦的回忆、对未来的焦虑和残忍的自卑中获得一些喘息的机会。你的五感总是有用的,无论你在哪里、在做什么,你都可以抽出点时间深呼吸一下,然后关注周围发生的一切。当你下意识地把注意力转向你能看到、听到、闻到、触摸到或是品味到的东西时,这都是在练习注意力。很有可能你注意到的事情都很无聊,比如你恰好在给孩子换尿布、载着一车刚比赛完的汗臭十足的足球运动员,都是非常不愉快的事情。不过没关系,朋友们,练习并非出于好玩和开心,而是为了获得注意力。

想法

　　糟糕的自言自语是我们自我虐待、自寻烦恼和自我削弱最常见的方式之一。那些恶意的评论、抱怨以及无端的指责像是磁带吱啦的响声,不停地在脑海中回绕。有时我们自嘲的想法非常明显,类似于"我是一个糟糕透顶的父亲(或母亲)";但有时,我们自我贬低的表现形式更隐蔽、狡诈——它是一种深度的自我怀疑,我们甚至可能察觉不到,却能让我们感到困惑、无能和失控。

　　大多数人以为,那些萦绕在我们脑海中的内心独白都是合情合理的故事，或者是对正在发生的事情的预估。有时的确如此，有时却并非如此。有时，为了激励孩子，我们会说钢铁侠肯定爱吃炒鸡蛋，从而躲开了一场早餐危机。但大部分时候，我们的想法就像讨人厌的广告弹窗，在电脑屏幕上推销一些我们根本不需要的垃圾，用虚假的危险扰乱我们，或者引诱我们点击不该点的按键。

最关键的是，并非所有的想法都平等。压力越大、越疲惫、越不堪重负、情绪越激动，我们的想法就越不具参考性。这没关系。我的意思是，这些想法可能非常烦人且无益，但没关系。我们为人父母的，每分每秒都在处理烦人且无益的事情。我们能接受。

虽然我之前已经说过，但现在我想再说一遍：你的想法不等于现实，也不一定是真的，虽然你可以影响它们，但无法控制它们。所以，当你经历了一整天的糟心事后，脑中的猴子开始乱蹦。至少，你是这样的。

不过，现在你知道还有另一个选择了。当你意识到自己又深陷"猴子表演"的那一刻，你可以选择将注意力转向马戏团的另一角。但别误会，这些猴子还会不停地蹦出来骚扰你，最终你可能会爱上它们的歌声和舞蹈。没关系，我们都会这样。这并不意味着你做错了，这只是另一个练习注意力的机会。

情绪

我们都知道什么是情绪：快乐、悲伤、恐惧、惊讶、愤怒、内疚等。有时我们知道那些触发情绪的事物是什么：工作中获得了加薪，花了数月教会孩子如何阅读，我们会感到高兴和自豪；婚姻破裂时，接到学校的告状电话时，我们会感到伤心和愤怒。有时我们自己也不知道为什么会产生这样的情绪，明明一切看起来都很好，但突然间我们觉得自己很糟糕。这种情况每个人都会经历。

每个人体验和处理情绪的方式都截然不同。有些人能够很快捕捉到情绪，有些人却几乎未曾感知过。有些人能清楚地分辨出在何时产生了何种情绪，并且很擅长识别这种感觉是什么，还有些人可以让情绪在某些特定领域起到一些（或很多）帮助。无论你是如何感知自己的情绪的，都请记住以下几件事：

情绪无对错。实话实说，情绪无对错。虽然有些情绪让人非常不愉快，甚至让人苦恼或困扰，但情绪是没有对错的，你也不必为此而内疚。良药苦口利于病，尤其是当你得知需要花一生的时间来治愈这场病时，你要相信情绪都是真实的。（注意：对于你的孩子而言也是如此，记住情绪与行为之间的差异是有好处的。你的儿子对女儿发脾气很正常，你对儿子发脾气也很正常，但你们不能随便拿鞋子扔对方。）

> 将情绪比喻成天气是最恰当不过的。许多人将强烈的不愉快的感觉视为一场灾难性的风暴,认为这会摧毁他们的生活,于是他们想尽办法避免、躲避、逃跑。幸运的是,情绪其实更像平常的天气——有时我们醒来看到的是阳光明媚的晴天,有时是阴天,有时是暴雨天。有时我们可以预测风暴何时来袭,有时气温骤降,突然开始下雨。无论我们情绪如何,就像无论天气怎样,你都要明白:1)这并非我们的过错;2)我们无法控制它;3)它总会过去。就算雨要下一整周,也终会过去。

每一种情绪都有开端、过渡和结尾。我们通常意识不到自己已经产生了某种情绪,直到陷入最糟糕的状态,感觉永远都不会结束。也许我们会被情绪淹没,但每次我们腾出空间意识到自己的情绪,就像把头露出水面可以换口气一样。即便我们可能会被拽回水里,但也无妨。我们的目标就是保持注意力和呼吸,直到我们安全着陆。

虽然我们无法控制自己的情绪,但我们可以影响情绪。伤感情歌、恐怖电影、痛心的头条新闻,确实会扰人心神。反之,充足睡眠、定期锻炼、适量饮用咖啡、与心爱之人相伴、听最爱的歌曲、看搞笑视频、学会宽容孩子们的恶作剧,这些都能缓解我们的痛苦。但如果无法及时察觉到自己的情绪,我们就很难照顾自己的感受。

身体感知

作为父母,我们总是想得太多。无休止地操心、做计划、给出回应,解决一切可能会发生的问题……所以我们甚至没空去注意自己的身体状况,除非偶尔宝宝扯住我们的头发,或是不小心头撞到我们的下巴。但无论是身体上还是情感上的痛苦,我们的身体都是感觉功能的重要信息源。

有时我们的身体感知清晰且直接,毕竟在电脑前久坐六个小时,我们的脖子和肩膀都已经非常僵硬,这或许是我们易怒的原因。有时我们会感到不适或疼痛,这可能预示着某些更大的隐患,比如未确诊的过敏或长期积攒的压力,但我们却没有时间和精力去处理。

有时,这些身体知觉是想提醒我们关注当下的情绪。想法在我们的脑海中萦绕,情绪占据了我们僵硬的肩膀、蠕动的肠胃和酸痛的太阳穴。爱能温暖我们全身,而悲伤只会令我们胸口沉闷。焦虑时,呼吸变得短暂且急促;生气时,肌肉会收紧。倘若深陷糟糕的感受而难以自拔,最好的办法是调节、照顾我们的身体。这当然是自我关怀的形式之一,如果忽视身体的紧绷和伤痛,我们就会在黑暗中跌跌撞撞。当我们意识到自己饿了、累了、迷茫了，或是痛了，我们就不会再因为做得不好而自责，而是选择照顾自己。

我们的负反应：战斗、逃跑、冻结、抓狂、讨好和修复

这些都是很难察觉的行为。因为我们失控时，前额叶皮质——大脑中产生注意力的部位——已经掉线了；而我们的边缘系统——疯狂任性的孩子——正在掌权。哎呀！

话虽如此，我们肯定还是能察觉到自己的失控的。我们会注意到身体愈发紧绷，愤怒、困惑、焦虑或悲伤的情绪正在酝酿，各种各样的想法在脑海里爆发。没错，我们肯定会发现，我们对着孩子大喊大叫，或者试图拿玩具收买他们，只为让他们表现好一点儿，或是让他们开心一点儿。当你感觉一切都失去了控制，分不清第一支箭、第二支箭和第三支箭在哪儿，也搞不明白想法和情绪的区别是什么时，你就回到基本点。此刻，注意你的呼吸，双手平放，指尖向下，这会让你冷静下来，想清楚下一步要注意些什么。

→ 如何练习注意力

好在注意力是一项技能，我们可以通过练习来提升它。练习得越多，我们就越敏锐，越能下意识地察觉到第一支箭，而且还能注意到更多美好且甜蜜的瞬间。忽视生活中的快乐和成功也是自卑的标志，如果把注意力转向积极的时刻，我们就会活得更轻松，压力也更小。无论是孩子在学步时期迈出的第一步，还是在高中时期的化学考试中第一次得高分，抑或是一句发自肺腑的道谢，所有这些幸福的瞬间，都能让生活变得更美好、更轻松。在这个挑战层出不穷的世界，哪怕是活得稍微轻松一点儿，也是一件幸事。

所以，如果你要开始练习注意力，请记住以下几点：

首先，放松的时候做练习会更轻松。正如美国前总统约翰·肯尼迪（John F.Kennedy, 1917—1963）所言："阳光灿烂的时候正适合修理屋顶。"如果你还不确定该注意什么或者如何练习注意，你就不要直奔内心最痛苦的深处。你可以先试着去注意那些愉快的事情、美好的瞬间，或者只是稍微有点糟糕的情况。这些都可以帮助你锻炼出艰难时刻所需要的注意力和应对方法。你也可以选择一两件日常的事情——喝咖啡，下公交车后步行回家，或者孩子在睡前依偎着你——静下心来，认真注意一下脑海中游走的思绪，以及你当下正在做的事情。

无论你在做什么，都不要夸大其词。你不必把自己想象成一名瑜伽师，然后要求自己每天冥想一小时（如果你真的能挂在瑜伽绳上荡秋千，那确实很厉害）。这只是意识上的细微转变，如此而已。

其次，记住你要一直练习，不用管我们到底有没有真的变得更好。很多人浪费了大量时间去研究那些垃圾的消极地图，沦陷在对失败的懊悔与不安中，觉得自己让孩子失望了，或者没有达到自己的期望，我们太擅长这些自我内耗的事情了。所以，是时候开始练习注意力了，下次我们再摸出消极地图，就可以立刻扔掉它，换张新的。

注意到某事并不意味着你要接受它，不管"它"是什么。这并不意味着你不可以去挑战或改变，而仅代表你意识到它就在那里。你不必想太多，只需意识到即可。此外，你的注意不会加剧任何事情的发展。与其相反，当你从"我厌倦与孩子们相处"转变为"我脑海中产生了一个厌倦与孩子们相处的想法"时，这一想法就不再那么强烈了。你意识到想法并非现实，无法定义你是个怎样的父亲（或母亲）；它不过是你意识里穿梭过的一个想法，你可以决定你是否要与它共舞，或是离开这个舞池。如果你注意到了某些非常不愉快，甚至让你感到可怕或痛苦的事物，那你一定要记住这一点：你可以意识到某件事，但无须被它定义。

就像我们练习其他技能一样，练习注意力也需要适度。随着我们能够越发频繁地意识到自己的想法、情绪和经历，我们就越能从中受益。这条路刚开始的时候可能崎岖不平，因为大多数人还不清楚自己的人生有多艰难。事实上，当意识到我们居然如此频繁地传播负能量给自己和身边的朋友，

> 进行单项任务练习，或者说一次只做一件事，对任何练习而言都很重要，对练习注意力尤为关键。我们时刻都在分散注意力关注多个任务、多种想法，或者随时准备切换到下一个。其实这样更容易把事情搞砸。事与愿违，我们的大脑并不擅长同时处理多项任务。同时处理多项任务会让我们压力倍增，拖慢我们的进度，更有可能增加我们搞砸事情的概率。我们越是专注于一次只做一件事，大脑和身体就越能同步协调，我们就越会觉得平静，练习也就越有效。

不断否定自己、认为自己是糟糕父亲（或母亲）时，我们会难以接受这个事实。但是通过练习，一切都会变得更好。

→ 注意力对孩子有何益处

这本书中的每一个练习，都会给孩子们带来直接或间接的益处。尽管练习注意力是一种深度的内在体验，只是观念的轻微转变，但这依然可以让孩子们极大程度地受益。

在具体层面，我们将更有可能注意到孩子的基本需求有没有得到满足。你很难忽视一个到处小便或者叫嚷着要饼干的孩子，因为会哭的孩子有奶吃。但是，有时候孩子并不擅长清晰地表达自己的需求。只要不再沉浸于内心的独角戏，我们就更有可能意识到，孩子之所以无理取闹、争论不休、拒不配合，并不是因为他们讨厌我们，或者想硌硬我们，而是因为他们饿了、困了、难受了。我们意识到这一点后，可以喂他们吃东西、安抚他们、让他们上床睡觉。虽然这解决不了所有的问题，但可以避免一场严重的内耗。

从抽象分析，我们越能轻易察觉到飞来的第一支箭，就越会关怀自己。我们不再被第二支和第三支箭击中，就不再轻易地分心或受伤，抑或妄自菲薄。随着育儿的压力逐渐减少，我们也会变得更加随和，不再板着个脸为一点小事生气。这对我们的孩子而言，无疑是极大的益处。

→ 进阶注意力练习

我认识的家长，要么已经开始冥想练习，要么正准备开始，要么完全拒绝考虑。洗碗机坏了都没空修，谁还有时间去放空发呆呢？但基础的正念冥想，并非发呆、理清思绪、调整脉搏或其他乱七八糟的，它只是一种注意力练习。你在某件事物上集中注意力——一般是专注于呼吸——感受它在你的思绪间游走（通常在第二次吸气之前），你会注意到它在游走，随后又专注到呼吸上。

正念冥想不仅加强了我们脑中的注意神经元，也能让我们清楚自己是如何进行自我贬低的，以及会做出怎样的负反应。每当我们放下生活中那些烦心的琐事、任务清单和不足与外人道的糗事，我们就可以注意到自己的想法、情绪和身体感知。正如我们在本书第一章所探讨的原因，我们的想法和情绪很少关注我们是多么优秀的父母，我们如何掌控全局，以及放松和深呼吸几分钟的感觉有多好。相反，我们最终陷入了旋涡，认为自己把一切都搞砸了，需要想办法弥补。哎呀，又忘了在家长群回消息。当我们注意到这些想法，没有选择立即行动而是专注于深呼吸时，我们就是在练习一些真正重要的注意力。再次陷入旋涡时，我们就能更容易地注意到自己什么时候会战斗、冻结、抓狂。一旦发现自己不再受本能的支配，我们便能选择下一步要专注于什么。

▼

请记住最重要的一点：注意力通常只是观念上的细微转变，但它能完全改变你与当下事物的联系，以及你处理事物的能力。

第五章

你不是一个人：共情的力量

让我们回到第二章的"沙滩日"场景

想象一下,在那个混乱的早晨,你的伴侣在厨房里偷偷摸摸地不知道在干什么,你女儿在嘭嘭地敲房间门,而你躲在浴室里,这时门铃响了。原来是住在街尾的一个好朋友,她给你送来了一些她刚做好的蓝莓松饼。

她肯定感觉到了你很紧张,要不她不会问你感觉怎么样。你一瞬间沉默了,开始思考现在的状况。你的这位朋友不光有时间做烘焙,还考虑得这么周到,给你家也送了一份。这还没完,看上去她已经洗了个澡,还精心地梳了头发。

无语。

要不是你那么喜欢她,你可能真的会烦她。

此刻,你们一家人甚至不知道能不能控制住情绪走出家门。所以你像个傻子一样站在门口,盯着她手里的松饼,努力想该怎么回答她看似无意伤害到你的问候。你到底该怎么说?

→ 为什么产生共鸣和心有灵犀会这么难

如果是我刚当上妈妈的时候给这个"快乐松饼妈妈"开门，我可能会微笑着点头，告诉她我们正准备去海滩玩一天。这当然不是实话，但当时我根本不可能坦白是我造成的这个烂摊子。我无比确定，如果我如实相告，她的反应就会不可避免地证实我的想法："沙滩日"对她和她的家人来说，根本不是问题。

在当妈妈的头几年，我深信我是唯一一个害怕去日托班和学前班接女儿的妈妈，因为我不知道我接到的是乖巧伶俐的小可爱，还是脑袋狂转的暴躁小野兽。我无比确定，我是唯一一个因为不知道该怎么哄新生儿和学步儿童入睡，而主动教二十个月大的孩子看电视的妈妈。我还能确定，其他的父母都能平衡好工作和育儿，而我是唯一一个对自己的工作感到困惑的妈妈。我还有工作吗？我还需要工作吗？哦，天哪，女儿刚刚把一整盒的水雾魔珠洒在了厨房的地板上。不好意思，我需要去角落里哭一会儿。

我的意思是，从某种意义上来说，我知道每个人的育儿过程都很艰难，没有完美的父母。但是，就像我知道有个地方叫格陵兰岛，而我从来没去过那儿一样。我不知道是不是真的有人去过那儿，而且说句大实话，我觉得格陵兰岛不过是我家厨房墙面地图上的一个模糊的地方。我还很确定，就算我真的去了格陵兰岛，岛上肯定全都是"快乐松饼妈妈"。

确实会的。

这种认为我们与其他父母不同、比他们更差的想法，是我们射向自己的最锋利的第二支箭。要我说，这是我们最深的恐惧，不是吗？混乱的生活中，我们都是孤独的。如果人们知道了我们的真实面目，知道是我们把一切都搞砸的，就没有人会理解和接纳我们。虽然我们迫切地想要成为更好的父母，但羞耻感蒙蔽了我们的思维，让事情更难做、更可怕、更混乱。这种感觉会让我们怀疑自己以及自己做出的决定，还会让我们不停地关注自己，沉溺于自己的不足，更让我们无法走出困境，去思考到底发生了什么，下一步该做什么。

还有，每次遇到危机——无论是身体上、情感上还是心理上——甚至只是最平常的混乱，我们不光把自己和援军（箭飞来时我们最需要的人）的联系中断了，同时也和自我关怀练习中极为重要的一环——现实检查——断了联系。这种隐藏真相、只分享自己好的部分的人性倾向，不仅让生活和育儿更加艰难，还强化了根植于我们内心的一种错误想法——我们比其他父母更糟糕。我们越是相信我们比其他父母糟糕，就越不可能在身处困境时向他人求助。在我们需要帮助时，求助的次数越少，我们就越有可能相信没有人帮助我们。这是一个超级糟糕、自我强化的断联循环。

这种感觉就像我们站在雨中却没有打伞。我们也想找出答案，但生活和社交媒体上充满了快乐、微笑的父母，他们迫不及待地向我们解释，为什么他们处于疯狂的暴风雨中心还能保持干燥。我们不理会正在下雨的事实，也不去寻找雨伞或雨衣，而是忙于纠结：我们到底做错了什么？为什么我们是唯一被淋湿的人？这会不会毁掉我们孩子的余生？我们甚至没有注意到，自己已经浑身湿透，快被冻僵了。而且朋友，当你又湿又冷的时候，你很难做个好父亲（或母亲）。

那么，我们为什么要这样对自己？

简而言之，我们不是好父母。但事实并非如此。

这可能看起来很奇怪，因为事实上，你才是那个选择联系还是不联系，或者求助还是不求助的人。当今的社会结构和社会规范让我们感到孤立、困惑，更容易让我们拿自己的内在经历与他人的外在表现做比较。让我们来探讨一下其中的几个问题。

空调效应。空调发明出来之前，我们都会把窗户打开。这意味着我们能探听到邻里之间发生的所有事情，包括隔壁的父母对自己的孩子、伴侣、狗或者什么东西发飙。而现在，虽然没人会怀念挥汗如雨的漫长夏日，但紧闭的窗户让我们无法知道一墙之隔的邻居家发生了什么。我们只知道自己情绪崩溃了，这进一步加深了我们的这个想法：我们是唯一一个经常没有耐心、不够冷静也不够亲切的父亲（或母亲）。

自由放养的孩子越来越少。回望过去的幸福时光，每个人都大汗淋漓，喧闹的喊叫声响彻邻里之间。那时的生活状态大多是父母中的一方工作，另一方（大部分是妈妈）在家里带孩子。妈妈们待在家里，有更多的时间和其他妈妈交流，分享自己的故事和困扰。孩子们放学后回到家，从一家窜到另一家寻找饼干和酷爱牌饮料（Kool-Aid），然后向父母讲述他们在学校发生的事。大家都懂的，小朋友总是藏不住话的。

随着越来越多的父母需要工作，越来越多的妈妈和爸爸们一起日复一日地奔波于接送孩子、上下班和回家的枯燥生活。我们每天都在压力中度过，很少有机会和其他父母交流，分享自己的故事，倾听他们的故事。说到这里，我并不是建议我们回到刻板的性别结构年代，女性除了待在家里别无选择，而是让大家意识到这种文化转变所带来的负面影响。

嘴碎的育儿专家。可别误解我的意思！我和其他人一样喜欢倾听好的育儿建议。我和我的家庭从建议中获益匪浅，所以我觉得有必要发表一下自己的看法。如果育儿专家提出的建议脱离现实、虚情假意、缺少共情心，就会让我们觉得虽然确实有正确的抚养孩子的方式，但我们再怎么努力，都总是错的。

"幸福运动"。在过去的几十年里，崇尚励志、自助式的社会让人们过度关注幸福。"幸福"成了畅销书、流行播客和大学课程的热门主题。我认为，教育人们学习如何让自己变得幸福，哪怕只是让人们减少焦虑和压力，这都是没问题的。但是归根结底，幸福只是一种感觉，我们无法控制自己的感觉，就像我们无法控制天气。即便如此，我们还是会认为，如果别人都是幸福的，而我们却不幸福，这不是因为痛苦、挣扎和不幸是人生中不可避免的经历，而是因为我们做错了什么。

愚蠢的社交媒体。那些完美得倒人胃口的父母，他们假装自己根本没怎么努力，而实际上他们花了大量的时间来塑造自己貌似励志的人设。我们却忍不住将自己的混乱生活与之相比。唉！

→ 共情是孤立的解药

现在，我们言归正传。

共情。

共情是解药，能解决"糟糕父母综合征"中常见的羞耻感和自我孤立的症状。对我们每个人来说，养育孩子的过程困难重重、状况百出、变化莫测。这种根深蒂固的认知会带来颠覆性的变化。可别搞错我的意思，我所说的共情没法让你的老板闭嘴，也不能让你的孩子乖乖洗澡，但如果你能意识到这是人类共同的人性，你就不会感觉那么压抑，而是更加游刃有余地采取措施解决接下来发生的事。

我们的目标是能够让自己意识到我们都是普通人，拥有共同的人性。即使是这个小目标也不容易实现，更何况多年来我们的想法恰恰与之相反。幸运的是我们还有许多捷径，比如，感受当下，与可靠的成年人产生共鸣，然后与那些对我们无益的人和经历切断联系。想要做到这些，并没有一个固定的正确方法，选择对你有用的方法就好。只要你不觉得那么孤独，与他人的共鸣更强，这一切就都很好。

与共同的人性互通

共同的人性指的是能够认知、意识并感受到我们的混乱状况，能将我们与其他父母联系起来，而不是与他们分割开来。这样说的目的，是将你的思想从"这些烂摊子都是我造成的，我得想办法收拾"，或者"我只有一次为人父亲（或母亲）的机会，我却搞砸了"，转变为以下类似的想法：

"是的，在上学日的下午五点发生这种事似乎很正常。"

"不过是又发生了一件糟心事而已，很正常。"

"伙计，照看折腾人的两岁小孩可真累啊，养育孩子真不容易。"

就是这样。你要知道，不止你一个人会这么想。这种方法超级简单，且十分强大，却不容易做到，特别是多年来我们一直与之背道而驰。它的诀窍是，我们要经常提醒自己，养育孩子是人类面临的共同难题，并最终让自己相信它。幸好，我们有很多种方法可以让自己摆脱垃圾思维，并牢记一点：我们解决的任何事情，都是 21 世纪抚养孩子问题中的一部分。

第一步，注意你的第二支箭的想法，特别是让你感觉很孤单的那些想法。每次你拿自己和其他父母做比较，或者觉得别的父母没经历过你经历的痛苦，或者觉得你是唯一一个"有失败故事"的人，在这些时候，只要试着注意到这些想法，而不要被它们支配。这种注意能让你冷静下来，让你的前额叶皮质重新上线，帮你更清晰地思考，并迈入第二步。

第二步，牢记你的想法仅只是想法而已。这些想法可能是当前危机的解药，也可能是八竿子打不着的一堆废话。告诉你一个秘诀——远离这些想法，准确辨别各种想法之间的不同。由此，引申出了一个非常重要的问题：评判和辨别的区别。评判是要判定一件事比另一件事好，一件事是对的，另一件是错的。这种评判会在很短的时间里引发你的"糟糕父母综合征"，比你读这句话的时间都短。辨别则只是注意到差异，并将善巧与笨拙的想法区分开来。善巧的想法能帮助你更快地达到目标（这种情况下，目标指的是你对共同人性的信念），而笨拙的想法则会让你更加孤立。

所以，请保持注意力并尽你所能地提醒自己，育儿对每个人来说都很难。烤焦的晚餐、暴躁的孩子、放错位置的请假条，这些不只是"你一个人"的问题，而是"所有人"的问题。

以下是一些可以让目标更容易实现的策略：

·再三强调，你不必相信脑海中闪过的每一个念头，就算你不确定自己是不是相信这些想法，你也可以选择去思考。就算你认为共同的人性完全是废话，你也可以提醒自己与共同的人性互通。这完全没问题。不断重复，你就会达到目的。

·如果觉得这很难，你可以试着把"我"换成"我们"。"我们"代表着所有在地球上养育孩子的人。每当产生"我是个糟糕的父亲（或母亲）"，或者"我毁了我的孩子"之类的想法时，你就把它们换成"我们是糟糕的父母"或者"我们毁了我们的孩子"。我保证，当你是"我们"中的一员，事情就不会那么困难了。

·如果改变想法对你来说无济于事，你不妨试着唱出你的想法，或者用一种可笑的口音说出来。当你的声音听起来像科米蛙[1]，你真的很难把自己看得那么严肃。记住，我

---

[1] 科米蛙（Kermit the Frog）是美国电视节目《大青蛙布偶秀》（The Muppet Show）中的角色。——编者注

们的目标是不要被无用的想法蛊惑，然后尽量经常地重复上面的两个步骤。

·当以上方法都不起作用时，是时候求助唯一的希望——可靠的成年人了。

与可靠的成年人互动

我们社会工作者喜欢谈论"可靠的成年人"这个词，但出于某些原因，我们通常会把这个词保留给孩子们。就像发光运动鞋和儿童菜单一样，"可靠的成年人"这个词并不只适用于13岁以下的儿童，我们成年人自己也需要他们——那些在网上或者现实生活中，能够给予我们帮助的朋友、家庭成员、专家或其他人。这种互动不是说要寻求帮助或建议，也不是寻找总站在我们这一边、总认为我们是对的而其他人都是混蛋的那种"铁哥们""闺蜜"（虽然他们的话听着确实让人开心）。这里我所说的可以互动的朋友，是那些愿意倾听我们故事的人，是不会随意评判我们的人，是对我们的经历充满好奇心和共情心的人，甚至是那些愿意分享他们的糟事的人。比如，他们的孩子曾在迪士尼乐园的"小小世界"游乐项目中趴在船侧呕吐。

那么，这些人在哪儿呢？我们怎么找到他们？可靠的成年人不一定是我们的朋友（当然可以成为朋友），也可以是一位心理医生、顾问、医生或神职人员。还有，不是每一个朋友都是可靠的成年人。我有许多特别喜欢的朋友，我可以和他们一起在操场上开怀大笑，但是说经验之谈也好，心知肚明也罢，当我需要安慰或者面对现实时，我不会向他们求助。也不是说他们是坏人，他们可能已经被自己的第二支、第三支箭伤得很深，甚至都没想过自己可以围绕这些痛点和别人产生共鸣。或许，他们是别人可靠的成年人，但不是你的。这很正常。不是每个人都适合所有人。

我们在某些方面信任某人，不代表我们必须在所有事情上都信任他。我们可以选择与谁接触，向谁敞开心扉，与他分享什么，或何时分享。把你的脚尖放到水里，试试感觉如何。记住这种感觉，然后再决定你是否想重返那个池塘也未尝不可。

让我们回到那个"快乐松饼妈妈"以及她问的"你感觉怎么样"的问题。你回答的方式不同，会给你带来不同程度的共鸣感或孤立感：

选择一：你脸上挤出一个虚伪的笑容，大谈特谈你要参加沙堡比赛的兴奋，你去年在那里玩得很开心，沙滩是个有魔法的地方之类的话。你的朋友一定会微笑着点点头，讲述她一家人上周末在沙滩玩得多开心，沙滩是他们最喜欢的地方之一，诸如此类。

尽管你没说实话，但你觉得她也没说实话。据你所知，她背地里可能正在为上次的沙滩之旅尴尬不安，防晒霜之争、沙滩玩具之战、沙堡建造失败之愤怒、冰棍儿掉进沙子里之懊恼，在她脑海中挥之不去。但是，她觉得你和家人们在海滩度过了完美的时光，这让她对自己的遭遇更感到羞愧了，所以她对事实闭口不谈。你们两个都拒绝真诚地互动，这让你们觉得更加孤立无缘，然后更坚信自己是唯一的连带孩子去海边享受简单旅行都做不好的母亲。

这真的太糟了。

幸运的是，你还有第二个选择。在回答"你感觉怎么样"这个问题时，不妨说说实话。试想以下几种回答，比如：

- "我……好吧。我们想去海滩玩，这不，折腾了一个早上。"
- "我们想去参加沙堡比赛，但现在能让孩子从她的房间出来，我就谢天谢地了。"
- "我们今天准备去海滩玩，但是空气质量不太好，我担心我女儿的哮喘会复发，但她真的很想去，我现在不知道该怎么办了。"
- "我们想去海滩玩，但是每件事情都不如意，我感觉快崩溃了。你按门铃的时候，我正躲在浴室里。现在我要认真思考一下，你离开后我是不是要带着这些松饼再回到那里。"

你分享内容的多少可能取决于你的行事风格，以及你

> **永远不要独自害怕**。早年我从事社会工作的时候,在一家封闭的精神病院的病房工作。我喜欢那份工作——几乎一直如此。但有时候情况也很可怕,我不知道我的患者或者他们的家人会突然做出什么意想不到的、威胁我的或者暴力的行为。经历了一段特别痛苦的时间后,我所在团队的一名主治医生把我拉到一边,给了我一条最有用的建议:"永远不要独自害怕。"这短短的一句话,帮我度过了生活和育儿过程中最恐怖、最困惑、最崩溃的那些瞬间。

对这位朋友的理解和信任程度。不过,就算你和她没那么亲密,只要你提到"生活并不完美",就能打开真诚交流的大门。我们分享我们的一部分现实生活,其实就是在为朋友创造互动的空间,让他们也能分享自己的故事,或者用善意和关怀回应我们。

当然了,做这些都是有意义的。分享不只是关怀,也不是为了博取同情,而是真诚地为双方的互动创造空间。不要只倾诉你讨厌海滩、喜欢吃蓝莓松饼(虽然这也很酷)的事实了,给你的朋友(以及你自己,我们后面会讨论)一个机会吧,让她们来发现、认同你的痛苦,并以好奇和善意之心回应你。通常来说，这种互动可以帮助你记住，当前的混乱状况不是你造成的，即便束手无策也没关系。

感受当下

有时候，尽管我们有意识地想要努力避免，但箭还是飞得如此之快，我们束手无措，甚至想不起来共情也是一种选择。当这种情况发生时，我们极有可能会陷入原来的无用模式，即第二支箭带来的自责和羞耻感，以及第三支箭导致的异常行为。

此刻，我们需要一个简单易行的策略，这一策略不需要我们配备多么高级的电脑，只需感受当下即可。放空思想，注意力集中在此时此刻，这是最快、最有效的方法，可以让我们一团糨糊的大脑冷静下来，让我们的前额叶皮质恢复正常，不再说那些自嘲的废话。

第一步：注意到你处于可怕的混乱状态，你正在失去理智、失去控制或者感到崩溃。不要评判自己，只需要去注意。如果你评判了自己，你也要能注意到这一点。即使你要诅咒那个不停唠叨让你保持注意的疯女人，诅咒完之后也要注意到这一点。

第二步：找到一些可以让你专注的事情。任何事情都可以，可以是此刻存在的事，也可以是你用五种感官中的任何一种感受到的体验。在这个阶段，我不建议你把注意力集中在你的想法上。等你能做到足够冷静、不被思想控制的时候，再去做也不迟。屏气凝神感受你的呼吸是个不错的选择，毕竟呼吸与你寸步不离（如果不是，那问题就大了，这本书帮不了你）。当然了，所有你能看到、听到、触摸到、闻到或尝到的事物都可以。你可以数浴室的瓷砖，听鸟儿的鸣叫或冰箱的嗡嗡声，把手平放在台面上，细嗅咖啡或者茶的香气，或者放慢脚步，品尝你无意间塞进嘴里的爆米花的味道。

做这些事的方式没有对错之分，但有些人可能喜欢更有条理的方式。如果是这样的话，你可以试试 5-4-3-2-1 方法，其中包括注意：

- 5 种你能看见的事物；
- 4 种你能摸到的事物；
- 3 种你能听到的事物；
- 2 种你能闻到的事物；
- 1 种你能尝到的事物。

话虽如此，但我成为母亲已经很久了，当然知道和孩子生活在一起是什么滋味，它不会总是令人欢欣愉悦的。所以，如果臭烘烘的尿布、汗湿的曲棍球袜，或者放了一天的通心粉和芝士无法让你专注的话，那么你只要坚持用

> **深呼吸**。呼吸是能让我们回到当下的最快、最有效的方法。它能帮助你注意自己难以控制的想法，直接向你的神经系统发送信号，让你冷静下来。但如果出于某些原因专注于呼吸会让你紧张，那也没关系，你还可以有很多其他的选择。

你能看到、摸到和听到的事物就好。

除非你兼职做一名禅宗大师，否则你很可能在再次开始思考之前，哪怕连一次呼吸都注意不到，连一件事情也看不到。在你意识到之前，你就会再次被担忧、后悔、困惑和压抑的情绪淹没。这没什么，事情就是这样。你的大脑只会关注那些惊心动魄或者动人心弦的时刻，但这样的时刻毕竟很少见。这也不代表你或者你的想法有什么问题，只能说明你长时间在用第二支箭伤害自己，想让你放下弓真是难上加难。没有什么好自责的，你只要保持注意，深呼吸，持续练习，一切都会变好的。

当你能够冷静下来，思维变得清晰时，你就可以练习其他的共情方式，远离胡说八道。

→ **远离胡说八道**

你有没有经历过在你收拾屋子的时候，你的"顽皮小恶魔"像陀螺一样转来转去？这感觉有点像一边吃奥利奥饼干，一边刷牙——无论是在网络上还是现实中，当我们与人交往或者让自己处于断联、孤立、怀疑、困惑状态时，这恰恰是我们对自己做的事。

这些可能来自新生儿父母互助小组里那个总是穿着露肩太阳裙，吹着精致头发的女人，我就见过这样的人。她遇到的最大的困难，可能是她儿子的幼儿高级汉语课和自己拯救海豹的志愿活动时间冲突了，也可能来自每场比赛都把孩子晾在一边去打棒球的父母、不断批评她育儿方式的家庭成员、频繁给她添麻烦的读书俱乐部的朋友，或是用评判的眼光看待她，却装作好心的心理医生。

当然，不只是我们认识的人会影响我们。不过他们带来的负面影响是最严重的，因为他们是真实存在于我们生活中的。社交网站上那些非常幸福、完美无缺的父母，快乐得不真实，只会放大我们自己的缺陷和失败。假新闻无处不在。朋友们，实不相瞒，我最近看了整整一季（咳咳，或者说三季）的真人秀，讲的是一个有18个孩子的家庭，他们的故事让人眼花缭乱，但他们父母中的任意一方从没——一次都没有——发怒或尖叫。不好意思，这是真实存在的吗？哦，好吧，这不是现实。但是，不管我们多么频繁地提醒自己，这些都是高度编辑过的，或者加了滤镜，又或者特殊处理过的一派胡言，我们过度劳累的大脑中的某些部分仍然会上当。

听着，他们说什么或做什么，他们怎么说或怎么做，或者这个社交媒体专家的言论是合理的还是完全在胡说八道，这些细节都不重要，重要的是每次你面临这些情况时的感受、你对自己的看法，以及你认为自己在父母圈子中的处境如何。

希望现在你知道我们要引向什么话题：你得注意你的情绪是什么时候被触发的。当然了，这部分的诀窍不光是要注意你的感受和想法，还要对你注意的事情保持尊重。不要忽略你的经历，也不要不放在心上，更不要为触发你情绪的人或事辩护。一旦你腾出一些空间，你就该想想下一步该做什么。你有几个选择：

尽可能远离这些人，不要和他们混在一起。设置边界，遵守边界，保护自己的边界不受侵犯，也不去侵犯那些不拿正眼看你的混蛋的边界。这件事要不遗余力地去做，不妨试试坐在看台的另一端，换一家保龄球俱乐部，换一个儿科医生，关掉无聊透顶的真人秀，打开《辛普森一家》（The Simpsons）或《富家穷路》（Schitt's Creek）。还有，求你千万千万不要再关注那些充斥着育儿真经和建议你构建一个完美游戏室的社交媒体了，还是多看看猫咪表情包、篮球精彩片段，或者去做能让你开心的其他事情吧！

直接说"不"，除非你真的很想答应。 从志愿者机会到教练，再到委员会，人们会给你提各种各样的要求。这些要求可能是产生联系的好机会，但没这个必要。在你答应之前，先花一点时间考虑一下：委员会里还有谁，要做的工作是什么，你是否有时间和精力去做这件事。如果你觉得这样做很难建立联系，或者说你对这份工作不感兴趣，甚至它会让你更加不知所措、疲惫不堪、精疲力竭，那么你直接拒绝好了。你当然可以做一个善良、友好、得体的人，可以拥有一切美好的品质，但前提是你要坚守自己的边界。如果设置边界对你来说很难，你可以把它当成一个塑造孩子的机会。想象一下，你想让你的孩子学到什么东西。你想让他们对人生路上遇到的所有要求都被迫说"是"，即使这样会让他们感觉糟糕或者活得更累吗？

内心想"不"。 学会坚守自己的边界尤其重要，因为你总会有同事、亲戚、邻居或老师，你别无选择，会频繁地见到他们。这恰恰是你要在内心设定界限的时候。你可以表现得彬彬有礼，一起看比赛，一起完成工作项目，但这不代表你必须敞开心扉，或者特别在意这些人或他们的观点。这时候，你完全可以用模糊的语言来回答涉及私密的问题。这并不会无礼，也不会引向深入讨论。比如，你可以这样说：

"我很好，感谢关心。"

"很复杂。"

"感觉情况很棘手。"

"谁知道呢？一切皆有可能。"

"是啊，都很好。"

最后，你可以参考我最喜欢的社会工作者布琳·布朗（Brené Brown）的建议。她在钱包里放了一小张字条，上面写着那些对她很重要的人的名字。正如布朗所说："想加入这个名单的人，必须爱我的实力和努力。你得知道，我正在努力地全身心投入，但我还是经常说脏话，还是会在方向盘下冲别人竖中指，我既听劳伦斯·威尔克乐队（Lawrence Welk）的歌曲，也听金属乐队（Metallica）的作

> 我从我 16 岁的外甥那里学到了一个词——**"免租"**，我一直在思考这个词。基本来说，除非经过你允许，没有人有权利在你脑海中免租居住。你的大脑是珍贵的不动产，如果发现有人在扰乱你的思想，你就要把他们踢出去。你可能得一遍又一遍地赶走他们，但设定界限并守住界限，是个非常需要技巧和共情心的行为。

品。"现在列出你的清单,并根据需要经常检查一下吧!

→ 棘手的情况

对于我们这些在邻里、社群和文化中符合主流家庭特征的人来说,要记住我们共同的人性已经够难的了。在美国,这些人的特征是:白人、顺性别(性别认同与出生时的性别相同的人)、异性恋、基督徒、双亲家庭,他们的孩子没有重大或明显的发育迟缓,没有身体、情感、精神或学习上的障碍,他们有足够的钱送这些超级健康的孩子上儿童曲棍球或舞蹈课,上高考辅导班。如果你的家庭也符合这些描述,那么你就更有可能在电影、书籍、电视节目、抖音视频和育儿书籍的封面上看到你和你的孩子。这并不能保证你不会感到孤独,但起码在你挣扎的时候,让你更容易感觉到共同的人性的互通。

但是,如果你、你的家人或孩子的特点超出了这些特定的范围,那么事情就会变得棘手。如果你的家人中有人不符合我们一直以来被称作"规范"的东西,比如你或你的家人是有色人种,是精神分裂症患者,母语不是英语,是性少数群体,或者患有任何形式的残疾,那么你很容易会把属于你的东西、你的经历——高光时刻或艰难日子——都抛到脑后,忘记这也是这个星球上生活的一部分。

可能你要庆祝犹太人的光明节；你所有的钱都花在了住房和食物上；你是个单亲爸爸（或妈妈），没法参加父母社交晚会。此时，你很难与共同的人性产生互通，却很容易责备自己。

但是我们已经在前四章讨论过自责的问题了，现在让我们想想其他可能性：

对自己的界限保持高度警惕。抛弃那些讨厌的人。不需要理由，也不需要解释。

记住，出现困难的事情不是你的错。如果你感觉身处困境，那可能是因为事情确实很难，而不是因为你做了什么。在这个世界上，某些人的家庭境遇原本就优于其他人，而你恰好不属于这些特殊家庭，就会发生这种情况。尽你所能，把眼光放远一些吧。记住，我们所处的社会和文化，深深地影响着我们的生活以及我们对生活的理解。掌握全局并非易事，我们对生活细节的感觉非常个人化，所以与那些和你产生共鸣并将你从混乱状况中解脱出来的人共情，就显得尤其重要。

找到组织。提醒自己你不是一个人，这是个好的开始。但是，当你在流行文化或媒体中寻不到自己和家人的影子时，单纯提醒自己已经远远不够了。一个由志同道合的人组成的组织，能与你的经历产生共鸣，将是你强大的共情能力的来源。这个组织可能是和其他脑瘫儿父母一月一次的聚会，可能是单亲妈妈的网上论坛，可能是伤心父母的援助团队，也可能是一个明确欢迎性少数群体家庭的宗教团体。只要有时间，就尽量找机会当面聚一聚；虚拟的联系总比没有好，但却比不上真实的互动。这可能得花费一些工夫，在找到真正适合你的组织之前，你可能需要到处询问，如果有机会的话，最好尝试几个不同的组织。请坚持下去，这值得你去做。

加入不同的组织。如果你住在农村，或者你和你的伴侣可能是军人，或因工作需要经常搬家，那么希望你好运，能够做到我上面所说的真实互动。我不是瞧不起小城镇，只是从统计学上看，总人数越少，和你的家人相似的人就越少。在这种情况下，你有两种选择。第一，关注网上可以选择的组织。在这该死的疫情中也有一线生机，越来越多的组织选择在线上见面。但是，如果你像我们中的很多人一样，在第一天就被筛选掉了，或者恰好不喜欢用 Zoom 这种视频软件，那么你可以选择围绕其他活动或身份找到一个组织，一个你可以在任何层面上联系的组织，不管是扑克牌、尤克里里、针织，还是保龄球、志愿工作或沙堡竞技赛，都会带来改变。

千万千万不要责备自己。如果你是少数群体或边缘化群体的一员，第一支箭会飞得更快，伤得更深。当你深陷育儿的混乱中时，你要记住这一点并不容易，所以你会更容易遭受第二支箭的伤害。支持和联系不是可有可无的，也不是放任不管。没有它们，就没有办法做好父母。

→ 共情有益于孩子

孩子们的情况是这样的：他们总是看着我们，一直都是。一方面，如果你想独自待着，或者你自己没那么完美，那就太糟糕了。但另一方面，他们一直看着我们说明他们正在学习我们，说不定哪一天他们在面对混乱或危机时，能够感受到共情的力量。

面对艰难时刻，我们要铭记（最好大声说出来）：有时候生活真的很艰难，我们每个人都会犯错，我们的孩子身处困境时，应学着用相同的视角看待事物，不要陷入自责。这不是说他们永远不会陷入自卑之中，毕竟他们也是人类，但至少他们这样做的时候，脑海里会浮现出关怀的声音。

另外，如果我们的孩子能在一个由可靠的成年人组成的社群中成长，遇到困难时我们向这些成年人寻求帮助，那么孩子们也可以直接从这些人身上获得帮助和支持。不管是在图书馆的停车场帮你把车启动的朋友，还是在你忙着开会时去学校帮你接孩子的朋友，都能让孩子们意识到，他们不必独自解决所有问题，这会让他们的人生之路走得更加顺畅。还有，他们还会学到在面临压力和感到挣扎时，寻求帮助不是懦弱的表现，这是你用实际行动证明的真理。

最后，每次回到当下，我们的压力和焦虑都会减弱，就能更有耐心、更投入地对待孩子。孩子们的前额叶皮质逐渐开始发育（这完美地解释了为什么他们只能用蓝色盘子不能用红色盘子，或者你前一天问了他们一百遍有没有要换洗的脏衣服，结果第二天发现他们喜欢的牛仔裤没有洗，因为他们真的没那个脑细胞），他们会学习我们保持冷静的能力，来帮助自己冷静下来。

→ 进阶式关怀练习：和心理医生交流

许多人认为，与心理医生交谈是最糟糕的就医方式。你一直忍着，直到受不了肠易激综合征、皮疹或身心遭受的任何痛苦，才走进一个让你不舒服的房间，穿上一件怪异的纸质长袍（就诊时方面检查），等来一个陌生人用挑剔的眼光打量你，告诉你哪里不对劲。然后，他们会给你开一份贵得离谱的药片、膏药或手术处方，还叮嘱你这个处方会让你失眠、让你长胖，甚至会让你仅存的一点性欲也消失不见。所有程序一气呵成，他们的眼睛盯着剪贴板或键盘，连头都不抬一下。

幸好，有效的治疗方法远非如此。如果在治疗的任何环节，你感觉心理医生在评判你，那么这个医生就不适合你。所谓的治疗，是你和心理医生一起努力，帮助你改善心理健康状态，养成更娴熟的习惯和应对技巧来应对紧张的情境，解决亲密关系中的问题，并更好地理解自己的过程。治疗是找到一个让你感到安全、舒适的人，一个你可以与之交谈的人，即使与其交谈是你最不想做的事。

现在，你可能会想自己是否真的需要和心理医生谈谈。可能你在网上搜索过类似"进行心理治疗的原因"的问题，你可以看到各种各样的原因，有失眠，有侵入性思维，有人际交往矛盾，有饮食习惯或情绪问题。可能是你消极、焦虑、恐慌和悲伤的情绪，或者是你的创伤史，让你的每一天都很难熬，也可能是你太崩溃了，明明知道事情不对劲，可根本不知道问题出在哪里，怎样解决。不管是什么原因，或者连原因都没有，你都能从治疗师那里获益。我的意思是，待在一个安全的空间里，对一个充满同理心的人畅所欲言，每个这样做的人都能获益。

听着，在理想的世界里，每个街区都应该配备一个心理医生。他们不收取任何费用，还提供免费的咖啡，每个人都可以把孩子送去托儿所，或在工作中请假去接受心理治疗。但现实并非理想世界，就算你能找到一个有空闲治疗你的心理医生，你也可能会没有足够的钱，没有家人的支持，或没时间去治疗。话虽如此，如果你在养育子女、人际关系、工作中有困难，或者每一天都过得很煎熬，那么接受心理治疗是值得的,只是你需要克服这些障碍去完成。

选择一名心理医生

寻找心理医生的过程可能非常复杂,让人不知所措,让我们先把选择的过程梳理一下吧。

首先,你的支付能力有多大?粗略地计算,如果你不用保险、自掏腰包就负担得起的话,你会有更多选择。心理治疗的费用大概是每小时 80 到 200 美元,因此大多数人还是要靠保险来支付。如果要用保险支付的话,第一步就是打电话给你的保险公司,弄清楚你的保险方案涵盖哪些项目。

如果你搞清楚了自己的支付能力和支付方式,那么下一步就是决定是面谈还是在网上咨询了。作为一名心理医生,同时也是一名心理患者(并没有这个词,但是你懂我意思就好),我建议你们尽可能选择面对面交谈。身体语言和其他非语言沟通能为心理医生提供了解你的重要线索,而这些隔着屏幕是无法实现的。我还要告诉你的是,离开家到别的地方,在回家面对混乱之前,把你的苦恼、愤怒和焦虑留在别人的办公室,没有比这更美的事了。

如果无法做到完美,那就尽力做到最好。如果你在自己家附近区域找不到心理医生,或者没有时间,也没有合适的托儿所照看孩子,可以让你每周到城市的另一边就诊,再或者你因为疫情被困在家里,那么在网上进行心理咨询

> **系统已崩溃**。对于大多数人，特别是没有保险的人（说实话，有保险的人也差不多）来说，找心理医生治疗很难，几乎不可能实现。这确实很糟糕，很不公平，而且真的很扎心。这种情况下，你没有太多选择。首先，你要记住这是个系统的问题，不是你一个人的问题。其次，你可以深入挖掘你的可用资源，比如书籍（我在本书的末尾推荐了一些）、程序、神职人员，还有你信任的家人和朋友。

也是个很不错的选择。另外，网络心理咨询的费用也比面对面咨询便宜得多。

在此基础上，还有一些其他问题需要考虑：

· 男性心理医生、女性心理医生，还有非二元性别心理医生，你更倾向于选择哪一个？

· 你希望你的心理医生和你有共同特点，或属于同一个社群吗？我要澄清一点，单凭喜好而选择与性少数群体，或单亲群体一起交流，固然会有帮助，但一个专业的心理医生应该能够更有效地跨社群和身份工作。有时候，选择一个不属于你所在社群或群体的心理医生来给你治疗，你会感觉特别自由，因为他们可能不会带有任何先入为主的观念或判断。

·你希望你的心理医生擅长专治某种病症吗？大部分心理医生在缓解抑郁、焦虑情绪，以及如何有效应对压力等方面都能提供帮助，但如果你的情况更加具体，比如饮食失调、滥用酒精或药物、恐惧症或双相情感障碍等，那么你可能需要一个有相关经验和训练的心理医生来帮助你。

·你对心仪的工作有什么看法吗？有的心理医生会关注你的童年经历、你和父母的关系，以及你的生活经历。不过，如果你感觉这不是你的菜，可以选择其他偏技能型的心理医生，他们更倾向于用具体的策略和做法来解决你正面临的问题。心理医生可以用很多不同的方法来帮助你，事实上，他们大多会采用不同的组合方法来帮助客户。不能说哪一种方法更好，适合你的才是最好的。

其实，能否找到一个适合你的心理医生，是决定你的治疗成功与否最重要的因素。我说的有道理吧？如果你的心理医生喜欢高谈阔论，但他说话的声音听起来像指甲划过黑板，或者和他交谈的一个小时里充满了尴尬的沉默，你讲的笑话他从来不笑，或者他就是不懂你，那么不管你的心理医生有多聪明或多有经验，他的名字后面有多少个头衔，其实都不重要了。你想要的是让你感觉安全、舒适的人，是你觉得能坦诚相待的人。在找到适合自己的心理医生之前，你完全可以和很多不同的心理医生谈话。这确实会花一点时间，但绝对值得。

▼

  请记住最重要的一点：共情是孤立的解药，如果不知道怎么做才好，这就是你该做的事！

第六章

好奇：
探索经历、改变生活的魔法

"我吓坏了"

最近我和一个朋友一起散步时,她对我说,她有一个 10 岁的儿子,名叫杰克。杰克是个铁杆书虫,几个月来一直乞求想要一部电子书阅读器(eReader)。我这个朋友不想给他买,原因有很多。她和杰克都喜欢阅读纸质书,她不想放弃这个习惯,而且有了电子书阅读器之后,杰克面对屏幕的时间就会变多,哪怕是用来读书,对眼睛也是不好的。她还担心杰克会读到什么不好的东西。她明确指出,他能接触到的糟粕太多了。但杰克还是不依不饶,不肯放弃。考虑到他是个值得信任的孩子,经过大量调查后,她还是买了一部适合孩子的电子阅读器,作为生日礼物送给他。

一周后,她变得惊慌失措起来。"我设定了家长控制模式,讨论了他可以阅读的书,我以为一切都在掌控之中,结果我收到了一条通知,昨晚他下载了一大堆 BDSM

漫画！"

我不知道 BDSM 漫画是什么。她解释说，漫画是日本图画小说和漫画书的一种风格，其中大多数漫画都是有益的，适合孩子阅读。然而，BDSM 漫画则完全不同，它代表着捆绑、调教、虐待和受虐。我没想批判什么，各位！但这绝对不是我的朋友想让她 10 岁孩子读的东西。

"我就知道会发生这种事情！我就不应该给杰克买这电子阅读器，但是他非常固执，只想要这个。这该死的东西对孩子的吸引力太大了，我真的以为我已经设置好了，但他还是设法下载了那些垃圾东西。这就是他喜欢的东西吗？他已经在考虑性的问题了吗？这些书里的图片让人毛骨悚然，又暴力又怪异，我简直无法理解。我怎么就搞砸了呢？我没有能力处理这件事，我吓坏了！"

我不会撒谎。朋友的经历完全触动了我，我甚至还没想好该说什么，思绪就爆炸了。现在轮到我害怕了，我害怕我的女儿遇到性侵者和不安全的性行为，在这样一个疯狂的世界，我该如何保证女儿的安全呢？但我当时正在写这本书，在考虑自我关怀的问题，所以我试着让自己冷静下来，思考我朋友的情况，以及我对她儿子的了解：她是一个体贴、细心的母亲，杰克是个好孩子。我必须得解释清楚这一点。

我的朋友已经决定要没收孩子的电子阅读器，也在纠结要不要让杰克接受治疗。这时我阻止了她，问她："关于这件事，杰克是怎么说的？"

沉默，接着沉默。然后她回答道："我还没跟他谈这件事，但是我会狠狠骂他一顿。"

我完全理解她想要狠批孩子一顿的冲动，过去我也曾这样做过。但现在我深吸一口气，建议她先问问杰克发生了什么事。我知道，如果我这位朋友想要以最好的方式回应她的儿子，那么她就需要先弄清楚究竟发生了什么。

→ 好奇是臆断的解药

随意评判他人和自己是患上"糟糕父母综合征"的显著标志之一。这是人类试图理解混乱状况的标志性行为。我们的大脑不喜欢接收不确定和不可预测的事情，特别是感到不安的情况下。如果你不知道地上那个长长的、弯弯曲曲的东西是一根棍子，还是一条准备攻击的蛇，匆忙下结论可能会救你一命。做出判断是人类的一种本能反应，也是我们一直在练习的一种反应，我们做得如此频繁，甚至没有意识到自己在做判断。

举一个贴切的例子：就在今天早上，我去冲最爱的第一杯咖啡，当我按下咖啡壶的冲泡按钮时，什么都没有发生，蓝色的灯光没有亮起，神奇的"咕噜咕噜"的滴水声也没有响起。

我又按了一遍。

还是什么都没发生。

只有无尽的沉默与黑暗。(如果这对你来说有点难以理解，很明显你对咖啡的爱和我不太一样。不过没关系，我原谅你。)我抓狂了，我的脑袋要爆炸了，我心爱的咖啡机坏掉了。我很确定，我的丈夫说过这款咖啡壶——完美的咖啡壶——已经停产了。我不光今天早上享受不到美味的咖啡，我永远也喝不到了！

我陷入了恐慌。我感觉呼吸变得急促，胃扭在了一起。我冲向手机，想看看当地的唐恩都乐（Dunkin' Donuts）咖啡店最早几点开门。在这个过程中，我被猫绊倒了，它发出了一声可怕的叫声，冲我投来一个可怕的审判的眼神，然后飞快地跑开了。好在这时我丈夫下楼了，他看到被吓坏的我僵在厨房中间。我向他解释了情况——我们的咖啡机坏了，我们需要立刻上易贝（eBay）买台咖啡机。我丈夫并没有理我，而是冷静地走到机器旁边，把咖啡壶转过来，看了一眼背后，然后把插头插上了。

这就是判断力和好奇心的区别。我立即想到了最糟糕的结果，但我的丈夫却好奇我们的咖啡机到底出了什么问题。(不过，我还是觉得我们应该上易贝买个备用咖啡壶。)

我们中的绝大多数人对自己混乱的情况做出的反应，

> 希望任何人不要把我所讲述的咖啡壶的故事,当成一个歇斯底里的女人被一个既理性又充满好奇心的男人拯救的例子。在我的婚姻中,很多时候都是我扮演通情达理又好奇心强的妻子,来出面帮助抓狂的丈夫。这里需要指出的一点是,性别差异是古老的性别歧视故事杜撰出来的。其实,男人和女人一样,都会对自己和他人评头论足,也常常会放慢脚步保持好奇心。任何人都有自己的判断力和好奇心;反之,任何人也都可以成为判断或好奇的对象。

是直接跳过审判和陪审团的对话程序,直接拿出小木槌。砰!结束对话,做出决定,得到结论,一气呵成。你搞砸了,你被判处一辈子都相信自己是糟糕的父亲(或母亲)。

每当我们觉得自己有罪,我们就丧失了任何进一步探索、澄清或理解的可能性,而这恰恰是我们在那一刻最需要的东西。如果连当初究竟发生了什么都不了解,我们将来又怎么能以不同的方式处理问题呢?

每次将第二支严厉评判之箭插在自己身上时,我们都会被自己糟糕的方式弄得心烦意乱,以至于大脑都没有余地去好奇到底发生了什么,为什么会发生,自己对它的感觉如何，以及接下来可能想做什么。如果对发生的事情感到紧张或者恐惧，我们就可能会默认产生战斗、逃跑、冻结、抓狂、讨好或修复等反应。如果我们没有花时间弄清楚到底发生了什么，我们的本能反应就不会特别有效。

总有人跟我们说，好奇心是一种迷人而又强大的能力，我们应该在孩子身上培养好奇心，的确如此。但好奇心也可能会让人担惊受怕，特别是当我们非常确定自己并不想知道某些事情的答案时。我不想对我的读者撒谎，也不想假装好奇心是件没有坏处的事情，因为肯定会有一些时候，你在探索自己的经历或 10 岁的孩子下载 BDSM 漫画的原因时，会发现一些相当糟糕的第一支箭的现实。但是，如果你能意识到你不必面对第二支箭，相信自己能够以同情而不是蔑视的态度来对待自己，那么好奇心也就没那么恐怖了。

你只需知道，好奇是臆断的解药，它在很多方面都很棒：

· 好奇心让我们回到当下，只有这样，我们才能清晰地知道并明白到底发生了什么。

· 好奇心能提升智力和幸福感，建立更牢固的人际关系，产生更崇高的生命意义感。

· 好奇心是一种强大而有效的方式，可以让我们摆脱爬虫脑的本能反应，激活我们的前额叶皮质，帮助我们冷静下来，更清晰、更有创造性地思考。

·好奇心是对发生的任何事情的一种内在的、善意的反应。这是一种与我们自己和我们的孩子交流的很好的方式，无论我们做了什么、正在做什么，或没有做什么，我们都不会害怕或恐惧。不管发生什么事，不管事情有多严重，都值得我们倾注时间、精力、好奇心，以及关爱之心。

好奇心不仅仅是简单地注意到某件事。拥有这种能力不只是能够退后一步，弄明白发生了什么事，更重要的是，我们要花时间对自身经历产生兴趣，进行反思，并满怀期待地认真对待自己的反应。

→ **好奇的作用**

好奇心不只是让我们的感觉好转，还能让育儿工作更简单明了。让我们回到小杰克和 BDSM 漫画这件事情上来。我的朋友冷静下来，和她的儿子进行交谈后，才了解到那些漫画是他在寻找漫画小说的时候不小心下载的。他不知道它们是什么，也一点都不喜欢那些图片，他还想找人帮忙把它们从他的电子阅读器上删掉。

噢！

危机解除。

当然了,他们的对话也可能会走上一条完全不同的道路。我的朋友可能会发现,自己正与一个 10 岁男孩谈论有关捆绑的话题,真是尴尬死了。那肯定会很糟糕,就算我的朋友逃避的速度惊人,比我女儿逃避一盘菠菜还快,我也不会责怪她。但是,尽管我们很想避免在育儿中遇到困难,心里其实也明白,越早面对现实,我们就能越早弄清楚当前这首歌唱得有多糟糕,以及怎样才能降低音量或者换台。

然后就出现了"沙滩日"情景——本书第二章出现的糟糕的空气质量,还有孩子的哮喘病。在任何时候,不管是你第一次查看天气情况,还是你把自己锁在浴室的那一刻,你都可以注意到正在发生的事情,并对此感到好奇。你可以花点时间关注一下自己,是不是一整天都耸着肩膀,像戴了对耳环,也可以思考是什么让你如此紧张。这可能会让你了解到自己有多么焦虑,也可能会帮助你意识到,你过于重视这次外出,但它并不值得你这样做;即使你能去,也很难消除你对女儿健康的担忧和对自己育儿方式的怀疑。或许你很难对自己产生好奇心,那么你可以打电话给你的朋友,他们可能会询问你最近发生的事情以及你的担忧,然后和你一起思考解决方案。

尽管好奇心并不能预测天气或者治好你女儿的哮喘,但它会把你的思维从"太糟糕了,我是个糟糕的父亲(或母亲)",转变为"太糟糕了,有时生活就是很糟糕,那么现在我能做点什么呢"。你可能会想出一个更好的计划,也可能会得到和没有好奇心时一样不怎么理想的结果,但我保证,这一天结束的时候,你会感到非常平静和自信。

所以,好奇心并非一无是处。

→ 如何保持好奇心

大多数人认为,好奇心就是问问题。是谁?做了什么事?什么时候做的?在哪里做的?为什么这么做?到底在想什么?虽然提问是练习好奇心的一个重要组成部分,但要明白,我们不是在做审判。我们不是要把自己塞进一张蹩脚的金属椅子里,坐在单向镜子的另一边,然后把聚光灯照在脸上折磨自己,直到坦白所有的罪行。如果你在好奇心方面的任何尝试让你有这种感觉,那么这是一个与他人联系或善待自己的好机会。(这是自我关怀很酷的一个地方:有一大堆练习的方法,你可以选择当下适合你的。)

好奇心也不一定代表要探究你产生过的所有感情或体验过的所有经历,或者你的童年怎样把你毁掉,又是什么导致了它的发生。我的意思是,如果真的能帮上忙的话,是可以这样做的,但并不是必须如此。就像那台并没有坏掉的咖啡机一样,有时候我们需要的只是换个角度,然后环顾四周。

通常情况下，我们需要的是在深度思考和微妙的思维转变之间找到一个平衡点。当你苦恼时，好奇能让你感到一丝宽慰，就像你亲爱的祖母或最喜欢的叔叔坐在你旁边的沙发上，用你最喜欢的毯子裹住你，递给你一杯热水，然后问你："那么，发生了什么事？"他们只是倾听，一次都没有打断你，也没有抬起眉毛或对你发出啧啧声。他们只是听着，偶尔对一些困惑的地方提出疑问，当你讲完时（真的讲完的时候，而不是在两句话中间的喘气时间），他们会再问几个问题，也思考了你的回答。然后，他们可能会提一些对你有用的建议或想法，这源于他们对你的深刻理解，而不是一些草率的判断或者胡言乱语。或者，他们可能没有提供任何建议，但是他们没有因为你诉说的任何事情而感到冒犯或惊恐，这种态度帮助你减少了对自身处境的不安或困扰。把事情说清楚，有助于你厘清到底发生了什么，以及你下一步可能会做什么。

如果可以的话，我希望大家都能有一个善良的叔叔或神仙教母，每当我们感到压力大或困惑时，他们会拿给我们温暖的毛毯和美味的饮料。但如果你没有，你也可以创造一个同样安全舒适的环境，来激发好奇心，用发自内心的善意对待自己、家人和孩子们。

在开始前，还有一点要注意：我们很容易把我们的好奇心集中在孩子、伴侣，或者我们身边发生的事情上。说实话，我们都想知道：他们到底在想什么？我们到底应该如何处理他们留下的烂摊子？但这不是好奇，而只是我们寻找落脚点时惊慌失措的反应。相反，真正的好奇心需要着眼于我们自身的经历。记住，我们需要的是祖母般的爱的能量，而不是一个坏警察的审视和评判。

在接下来的几页中你会读到一些问题，可能会帮助你产生好奇心。记住：问题的答案没有对错、好坏之分，你也不需要解决什么事情。好奇心和这些无关，只与关注、意识、接受和理解有关。这可能不太容易做到，特别是在你习惯于评判自己的情况下，但你总会做到的。

现在，我要提供一些培养好奇心的步骤。但是千万千万要记住，这只是让你对自己和周围发生的事情感兴趣，而无论你想做什么，都很酷。

第一步：注意。注意可以帮你摆脱应激性的抓狂模式，这样你就能对下一步的做法做出积极的、有意识的选择。你越是惊慌失措，你的注意程度就应该越具体、越简单。你可以注意当下的任何事情，比如，厨房柜台的颜色，或者裤子的面料。如果你的思维一直想跳回战斗、逃跑、冻结、抓狂、讨好或修复模式，那么你就继续注意周围的事物，直到你最终变得平静而又专注。（你如果没有惊慌失措，那么直接跳到第二步。）

第二步：让注意力更加深入。以下几个问题可能对你会有所帮助：

你在做什么？这看上去是个很简单的问题，但是当我们失去理智的时候，我们往往意识不到，我们正在无意识地一遍又一遍地浏览着相同的社交媒体帖子，或者咬着我们的指甲，或者只是因为孩子朝我们的方向瞥了一眼而呵斥他们。

你感觉如何？你可能会很明显地感到愤怒、焦虑、困惑、害怕或疲惫。但识别情绪并非易事，所以如果你不知道自己感觉如何，你也不要紧张。你的想法和身体感觉可能会给你一些重要的线索。

你在想什么？同样，这不是那种愤怒地询问"你到底在想什么？"的问题。这更像是一种平静的询问，类似于"嘿，朋友，你的脑袋里在想些什么？"它只是把你的注意力引向思想、想法、记忆、幻想、忧虑、遗憾、可能性，或者其他在你大脑中盘旋的东西。你几乎肯定会陷入这些担忧和遗憾的情绪中，而这很可能让你重新回到战斗或逃跑模式。出现这种情况没有错，但你一旦发现自己在这样做，就请马上跳出来，回到好奇心上来。

你从自己的身体上注意到了什么？你是在磨牙，绷紧下巴，还是把肩膀高高耸起？你感到胃痉挛了吗？你饿吗？你渴吗？你想小便吗？你上次大便是什么时候？你感觉胸闷吗？你在憋气吗？你的头难受吗？你头痛吗？你是否感觉身体的某个部位有些酸痛、僵硬、疼痛？你一直忽视的喉咙发痒或干咳是怎么回事？你的背部怎么样了？你到底有多疲惫，是"偶尔打哈欠"还是"累得几乎睁不开眼睛"？

如果你对自我检查有点不知所措，或者你不知道从哪里开始，"HALT"[1]（适可而止）和"CALM"[2]（平心静气）可以帮助你开始。

HALT。当我们感到饥饿、愤怒、孤独或疲惫时，我们就很可能失去理智，把事情搞砸。"HALT"是个很好的提醒，能让你暂时停下正在做的事情，并注意到自己的这些状态：

饥饿。忽视或者一直在减少自己的基本需求（食物、睡眠、休息、与伙伴或朋友相处的时间等）。

愤怒。或者挣扎于巨大的、不愉快的情绪（愤怒、恐惧、悲伤、困惑、不知所措、痛苦等）。

孤独。或者感觉与外界脱节和没有人支持。

疲惫。精疲力竭，心力交瘁。疲惫的方式有很多，包括身体疲劳、精神疲劳（长时间过度思考）、情绪疲劳（长

---

[1] HALT 是作者自创的首字母合成词，取自 Hungry, Angry, Lonely, or Tired，意为处于"饥饿、愤怒、孤独或疲惫"状态时，要"适可而止"。——译者注

[2] CALM 是作者自创的首字母合成词，取自 Chest, Arms, Legs and Mind，意为检查一下"胸部、手臂、腿和大脑"，让自己平心静气。——译者注

时间感受太多强烈的感情）、社交疲劳（处于紧张的社交环境中）和灵魂疲惫。当你处理了太久、太多的事情，你已经没有什么能为别人做的，甚至不知道怎样做才能让事情变得更好。

如果你能**停下脚步**，并注意到自己正在经受痛苦，以及正在让你挣扎的困境，你就给了自己一个自我关怀的机会。

CALM。花点时间检查一下你的**胸部**（包括你的呼吸）、**手臂**、**腿**和**大脑**。你不需要一些特定的放松技巧，只需要检查并保持好奇心。这样你就能平静下来（懂了吗？看到我是怎么做的吧？），也会明白如何进入第三步。

第三步：问问自己到底需要什么。然后认真对待自己。这是一个非常富有同情心的问题，我们大多数父母不会这样问自己。就算我们碰巧想到，可以洗一次热水澡来得到一点慰藉，或者希望拥有五分钟的独处时间，其间没有人能碰到我们、和我们说话或靠近我们，这些想法也会迅速掠过，我们都来不及注意或者记住它们，更不用说认真对待它们了。

希望你们多问一问自己以下几个问题：

· 为了度过当下这一刻，我需要做些什么？

· 通常我需要什么，才能度过这一天、这一周、这一个月？

如果你现在没有时间或精力思考这些问题，那么你能为它腾出一点时间吗？（如果你的本能反应是：不，书中的女士，我真的没时间，因为我必须要工作，还要照顾三个孩子，这些衣服也不会自己折起来。那么，好吧。我真的懂你。但请记住，这本书旨在帮助你改变处理某些问题的方式，让你成为更有同情心的父亲（或母亲）。其中最重要的一部分，就是要认真对待你自己的需求。所以不要为洗衣服的事焦虑了，多花一点时间去了解你的需求吧。）

现在，即使你有时间认真考虑这个问题，你也很有可能不知道自己需要什么。这是非常常见的，但这并不意味着你不需要任何东西，或者没有任何东西能让事情变得更好。更有可能的是，这仅仅意味着你已经筋疲力尽，不堪重负。你已经把别人的需求放在自己的需求之前太久了，以至于无法摆正自己在一切事物中的位置。

没关系。你会做到的。这里还有几种不同的方法，可以帮助你弄清楚你到底需要什么。

找出对其他人有帮助的东西。这是与朋友或其他家长开始联系或加深联系的好方法。谈谈你的情况，问问什么对他们有帮助，以及他们是怎么解决问题的。即使他们的回答是"我一点头绪也没有，也没有办法"，至少你也能知道，在不断摸索的过程中你并不孤单。

尝试一下。即使你不确定自己到底需要什么，也可以尝试一些东西。除非你真正需要的是做结肠镜检查（如果是这样，我很抱歉！），否则你可以有很多照顾自己和同情自己的选择。这不是什么高科技。你需要的，通常只是多睡一会儿，或者安排几次拼车，这样你就不必每天下午在城里四处奔波，或者每天早上坚持吃早餐，或者在午餐时间出去散步而不是回复邮件，或者退出幼儿园足球比赛，这样你就可以和好朋友一起喝咖啡。试着注意你在这些活动中和活动后的感觉。它对你有帮助吗？你是否感觉到联系多了，压力小了？如果是这样，这说明你需要的是增加睡眠、减少驾驶时间，或者花更多时间与朋友在一起。你可以制订一个计划，将这些事情更多地融入你的生活。即使你真正需要的远比在午餐时间散步更重要，这些小步骤也可以帮助你清晰地认识到更大的问题。

寻求帮助。如果你不能提供自己需要的东西，那么别人呢？你能向朋友、家人、邻居或治疗师寻求你需要的东西吗？如果你感觉这样做真的很难，或者不适合你，请记住：当你得到你需要的帮助时，你将成为一个更好的父亲或母亲，这是一个很重要的生活技能，你给你的孩子树立了好榜样。还有，你的朋友和家人在有需要的时候也会向你寻求帮助，这也很棒。

第四步：对你正在挣扎的困境和你所处的环境感到好奇。首先是困境——真正让你夜不能寐、担心的事情。你想要专注于一件事情的时候,是什么让你分神?又是什么让你如芒刺在背?是与家人的冲突、工作中的倦怠,还是对孩子最近一次考试结果的焦虑?是无法忽视的牙痛、对即将到来的假期的紧张,还是机修工的估价你负担不起?是不断出现的骇人听闻的新闻标题,还是你所在社群最近发生的种族主义、反犹太主义或者仇视伊斯兰教事件?

我们都会担心一些事情,而且大多数人在大多数时候担心的不止一件事。大多数时候,我们对发生的任何事情的反应,都倾向于战斗、逃跑、冻结、抓狂、讨好或修复。有时候这些反应很好,但更多时候这些臆断和羞耻的情绪不但不能解决问题,还会引发我们的"糟糕父母综合征"。

但是,如果我们能够对当前的困境及其原因产生好奇心,我们就能更冷静、更清晰地理清发生的事情,从而更有创造性、更自信地思考下一步该做什么。不过,问题在于你不想这样做,因为单纯考虑这些事情而不是立即采取行动,会让你感觉很糟糕。你会觉得很不舒服、很害怕、很迷惑、很伤心。大多数人都不喜欢这些负面情绪,所以当我们不想做某些事情却又不得不做时,我们往往会拿起手机,或者起身清理洗碗机,或者拿起一杯葡萄酒,或者做任何我们会做的事情来逃避。

但是,当你能对自己的处境保持足够长时间的好奇心时,你可能真的会得到一些答案。让我们想象一下,在"沙滩日"

这样做会有怎样的结果。不要责骂每一个遇到你的人,也不要责怪自己不能控制天气,更不要把自己和其他海滩上的"完美父母"相提并论,只要坐下来,深呼吸几下,考虑一下下面的问题,你如果在这一章没有做其他事情,千万千万要记好这个答案,并认真对待它们。无论你注意到什么或意识到什么,都不要放弃自己,也不要试图去评判自己。

·我在想什么?感受到了什么?我在做什么?我的身体发生了什么?

·我在担心/害怕/生气/对谁或什么有很强烈的感受?

·我真正担心的是谁或什么事情?

·我真正担心的是谁或什么事情?(有时候你必须挖得很深,才能找到这个问题的答案。)

·我能控制什么?我控制不了什么?

·关于今天的情况,我能做什么?

·我需要帮助吗?如果需要,谁能帮助我?我怎么向他们寻求帮助?

·有朝一日我想怎样讲述今天的故事?

·我亲爱的祖母、最喜欢的叔叔或最好的朋友能给我什么建议?

·此时此刻,我能做出的最明智的选择是什么?

十有八九，你可能不喜欢你得出的答案。没关系，这个无须评判，或者即使你对自己进行了评判，这也是人类的天性，你要对这一评判加以注意，然后试着放下它。你能搞定的。无论发生什么事，它都会过去的。它可能会像肾结石一样难以排出，但总会排出的。你可能会又一次得到同样糟糕的结果，但不是因为你用了那张消极地图，你也不会在途中被第二支箭击中。只要知道事情的失败不是你的错，就能帮助你减轻压力，并让你对自己处理事情的

> 不要为你无法控制的事情责备自己。作为父母，我们往往会因为和孩子有关的挑战和困境而责怪自己。这些挑战和困境不是我们造成的，而是因为缺乏信息、支持和资源。不管你有多关心孩子或者多努力工作，如果你不得不在支付房租和支付孩子最近一次急诊医疗费之间做出选择，你不可能觉得自己是好父亲（或母亲）。但是，当我们筋疲力尽、不堪重负的时候，我们很难弄清楚自己能控制什么、改变什么，以及在什么时候摆脱困境。如果你发现自己在这个问题上挣扎，你可以和你所在社群中的智者——朋友、医生、治疗师、长者或者任何你信任的人——交流一下。他们对形势的看法可能比你更清楚。

能力更有信心。

如果你觉得探讨你正在处理的事情的具体细节，会让你感到压力太大或不知所措，或者它引发了你的"糟糕父母"消极情绪，那么你也许是时候考虑一下你的处境了。记住退一步看全局，能够帮助你对自己和自己的处境抱有更多的同情之心。

请试着考虑以下几个问题：

· 我现在的生活中还发生了什么？

· 在我的个人生活和职业生活中，我还面临着哪些压力？

· 我还对其他什么事有担心／害怕／愤怒或其他强烈的感觉？

· 我现在是在应对一些重大变化、转变或危机吗？我的好朋友、我的孩子、家人怎么办？

· 现在是一年中的什么时候？我是刚开始，还是处于一个特别具有挑战性的月份或季节中期？

· 有什么重要节日即将来临吗？有没有什么重大的纪念日，包括痛苦的损失或者离婚的纪念日？（记住，即使是积极、快乐的假期和纪念日，也有可能是压力的来源。）

· 我最近有没有比平常吃得多、喝得多、睡得多、买得多、赌得多，或者……（你最喜欢的应对机制／恶习）得多？（这个问题的答案可能会给你提供有用的线索，让你了解自己的实际表现如何。）

・我自己的健康状况如何？我关心的人或动物的健康状况如何？

・我累不累？我的晚间睡眠状况如何？

记住，询问这些问题（以及倾听自己的回答）的目的，是要让你客观地看待自己正在处理的每件事，让自己放松一点。如果你对意识到的事情开始感到不知所措，可能是因为你所处的境地极具挑战性。再说一遍，你没有什么可评判或责备自己的，相反，这只是你另一个练习的机会。你要弄清楚一点，熟不能生巧，但它确实能让事情变得简单很多（但没人会这么说，因为"熟能生易"并不那么朗朗上口，也不太容易记住）。

在开始第五步之前，我希望你能知道：这份清单上的第二步（让注意力更加深入）、第三步（问问自己到底需要什么）和第四步（对所处的环境保持好奇）不一定要按顺序去做，这取决于你的个人喜好、你所处理的特定情况以及你如何看待自己的处境。当你第一次尝试这个好奇心过程时，你会觉得很奇怪、很尴尬、很俗气，你会想放弃它转而去刷微博。因为你刚刚发现了一个专门发布蜜獾内容的新账号，你非常确定博主和你女儿有共鸣。但请不要这样做。保持你的好奇心，在把注意力放到孩子身上之前，多给自己一点时间。

第五步：对你的孩子感到好奇。好吧，我知道你在想什么。你在想，这才是你真正需要好奇的地方。因为找出孩子的问题所在，如何解决他们的问题，或者让他们开心，这才是你需要做的，也是作为好父母应该做的。然后你就会成为好的父亲（或母亲），这是你一开始最想做的事情。这当然很好，但有时我们不知道我们的孩子出了什么问题，他们的问题根本无法解决。即使找到了解决方法，你也可能不会让他们高兴，至少不会一直让他们高兴，因为生活本来就是不可预测的。

这是我把孩子放到好奇心清单最后一位的第一个原因。第二个原因是，如果你现在是一个充满压力和耻辱感的集合体，你就很难有效或富有同情心地处理你孩子的问题。所以先戴上你的氧气面罩，装满你的杯子，或者准备好任何对你有用的东西；关键是，你对当前的形势越冷静、越清晰，你就越不可能做出冲动或无益的反应。

所以，请花几分钟冷静一下，试着对你所面临的问题产生好奇心（除非你面对的是一个尖叫的幼儿或摔门的青少年。在这种情况下，你会尽最大努力控制局面，而且你百分之百地肯定，无论你如何处理，都不会对自己生气或感到羞耻）。只有完成这件事之后，你才会把重点转向你的孩子。我们会在本书第八章"如何关怀孩子"中更深入地讨论这个问题。

再次声明，你可能会不喜欢得出的答案。通常情况下，那些最艰难的育儿时刻，那些让我们完全陷入混乱的时刻，对我们或我们的孩子来说是无法修复的。我的意思是，如果它们可以被修复，那么你现在早就已经修复好了，不是吗？或者说，这些问题是可以修复的，但需要我们花费大量的时间、金钱、精力，还要去预约专家，糟糕的是这些专家在接下来的六个月里日程都排满了，只有在工作日的时间才有空，真是太太太让人无语了。不管你想用哪种方式进行修复，如果你碰巧心情不好或脾气暴躁，那原本已经打开的好奇心会重新回到大脑中的"批判控制区"。这时候，请尽你所能地注意这些判断的产生，但不能被它们所支配。如果你做不到这一点，好吧，说实话有时候确实很难做到，那么你就得先回到共情和仁爱的策略上了。

→ 好奇有益于孩子

我的女儿们还在上幼儿园时，我和丈夫带她们去了当地的街头集市。她们玩充气玩具，听现场乐队演奏，玩得很开心。她们还向我们讨要了五美元，想去玩瓶中投球的游戏，赢了可以获得一个五十美分的玩具。正当我准备拿出更多的钱让她们钓塑料鸭子的时候，一个女儿开始抱怨了。很快,她的抱怨升级为躺在地上耍赖。在街道中央,在所有邻居和朋友的注视下,她躺在地上耍赖。

怎么回事?她这一整天想要的东西我们都满足了,而这就是她的回应?我是说,她还小,所以我并没有指望她会有正式的感谢什么的,但她至少可以在我们回家之前保持冷静。我养育的孩子竟然这么娇生惯养、忘恩负义?我怒火中烧,开始对她大吼大叫,但一点用都没有。

转眼五分钟过去了,我抓住女儿的手,拉着她走在街上。"就这样吧。我们要回家了!"女儿还在哭,我气炸了。但是在回家的路上经过一家餐馆时,我突然明白了。

她饿了。

我的女儿从我身上遗传了一些非常强烈的饥饿基因,如果我们错过一顿小吃或者吃饭晚了,她很快就会崩溃。她也不想这样无理取闹,她只是一个四岁的小女孩,被充气房和免费飞盘吸引了注意力,以至于忘了吃饭,而她的父母也忘记给她吃东西,所以她的反应太正常了。九年过去了,她已经能够注意到自己的饥饿,也能给自己准备吃的,但在此之前,这是我的义务。

如果我当时能花点时间好奇我的孩子发生了什么事,而不是武断地下结论,判断她是一个被惯坏了的熊孩子,还自责怎么养育了这种孩子,我可能就会明白,她只是需要吃点东西。就是这样。

我们每次练习好奇心，都能直接让我们的孩子受益。好奇心能帮助我们关注孩子身上发生的事情，然后用冷静、淡然的态度应对，而不是大惊小怪。在那一刻，我可以给女儿拿一点吃的，帮助她冷静下来，还会为朝她发脾气向她道歉，然后教她如何注意到自己饿了。这样做的最大好处，可能是我放下了养了一个熊孩子的焦虑（事实上，她确实不是）。

当我们能够注意到孩子的状况，并帮助他们在情绪和行为之间建立联系时，我们也教会了他们以同样的方式处理问题。如果每次遇到困难或困惑的育儿事件时，我们都如此地惊慌失措，那么他们也会学着这样做。但如果我们能放慢脚步，对孩子和我们身上可能发生的事情产生好奇心，我们的言传身教也在教他们如何做。我们尽可能地用最有力的方式告诉我们的孩子，还有另外一种方法可以化解困难时刻；我们有能力放下第二支箭，转向自我关怀。

→ 好奇心进阶练习：记录日志

有时候很难去思考；或者说我们还不知道怎样思考自己的想法；或者说我们的大脑太累了，无暇顾及好奇心的事情；再或者说，我们没办法完全记住我们意识到的事情，以至于无法加深理解；或者我们无论如何努力，都没办法完全弄清楚，如何以一种不像是在审问自己的方式来保持好奇心。

不管是什么原因,把它写到纸上都是一种超级有效的方法,可以跳出自己的思维误区和经验壁垒。虽然你可能觉得自己不是作家,但也不要有压力。没有人会在乎你的句子结构是否糟糕,或者你知不知道"愤懑"的"懑"怎么写,这些都没关系,因为没有人会去读。你写日志,不是为了写一些好的东西,或者得到正确的答案(我想你不希望我再次谈论"好的"和"正确"的废话),也不是纠结于自己的想法和判断,而是为了了解和洞察正在发生的事情。

以下几点可以帮助你开始练习写日志:

· 不需要每天都写,真的不需要。在你想写或者需要写的时候,你随时都可以写。练习得越多,做起来就越容易,这句话没错。但是,你越是专注于完美或者不打破纪录,就越难在真正需要的时候拿起你的笔。

· 尽管我一直在说笔,但不一定真的用笔。你完全可以用电脑或者平板电脑,可以随便用一张纸或一本精美的日记本,一支铅笔、蜡笔、记号笔,甚至一把蘸了墨水的叉子来记录。适合你的,就是完美的。

· 有些人喜欢从空白页开始,写下任何想到的东西。但对于另外一些人来说,空白的页面或屏幕绝对是很恐怖的。如果从头开始的想法让你简直想把铅笔插进眼睛，那么遵循一点写作结构也是可以的。你可以写出本章中的一些问题，或者任何其他适合你的问题，然后回答它们。此外，如果回答问题的想法唤起了你对小学作业本的可怕记忆，那就缩小范围，选择几个可能让你产生共鸣的词，比如"想法""感觉"或"冷静"。

·如果想不出话来，你可以从画画或涂鸦开始。这两种方法都可以帮助你冷静、集中注意力，找到你想表达的内容。

·可以回头看看你写下的内容，也可以不看。

·可以保留你写的东西，也可以在写完之后立即删掉或撕碎它。

▼

请记住最重要的一点：好奇心是判断的对立面，当你不知所措或感到困惑时，它是让你冷静下来并恢复理智的最有效的方法。

第七章

仁爱：
你不是怪物，为人父母很难

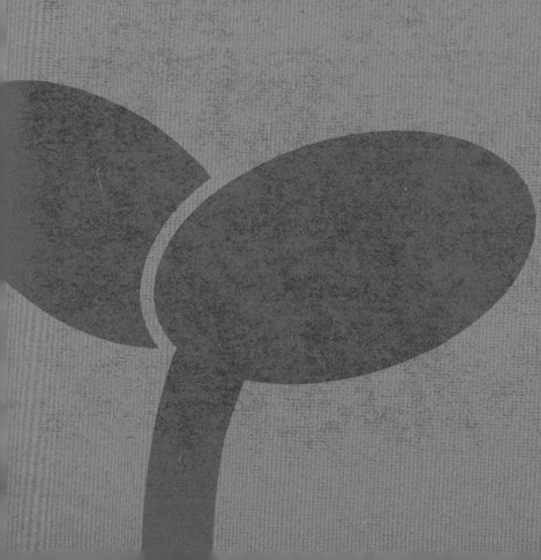

我最近询问了一些父母，别人为他们做过的最善良的事情是什么。得到的答案不外乎在他们有困难时，朋友给他们带饭、帮忙打扫卫生，或者帮忙照顾孩子。我当然能体会到这种感觉：在我第二个女儿出生的前一天，我另一个二十个月大的女儿摔断了腿。我们在医院度过了漫长的一天，回到家时，一个朋友已经送来了孩子可以在沙发上玩的玩具，我姐姐（住在国外）也安排好了一家本地的熟食店，给我们提供一周的饭菜。

然而，在我最近听到的所有有关仁爱的故事中，我朋友艾米的这个故事真正引起了我的注意：

> 我的长子在婴儿时期就有严重的腹绞痛。只要我不哄抱他或不给他喂奶，他就会号啕大哭。我当时还患有产后抑郁症，真的是一团糟。后来，我参加了一个新手妈妈小组聚会，倾诉了让孩子睡着是多么困难

的一件事。另一个稍大一点儿婴儿的母亲告诉我,她也经历过这种事,知道这有多难。她把自己的电话号码写在一张纸条上递给我,告诉我,只要我需要帮助,任何时候都可以给她打电话(她强调"任何时候",哪怕是半夜)。不知怎的,我知道她是认真的。我把她的电话号码贴在冰箱上好几个月。我从未给她打过电话,但不知为什么,我知道我可以给她打电话这件事,帮我度过了一些非常艰难的时期。

乍一看,这个故事根本没有任何意义。我的意思是,随便一个女人——暂且称她为富有同情心的考特妮——给了艾米她的电话号码,然后被艾米贴在冰箱上,积满了灰。尽管艾米从未打过那个号码,但这竟然成了她多年来一直铭记于心的善举?不是吧,就这?考特妮除了把她的电话号码给艾米,实际上什么也没做,她几乎肯定知道艾米不会拨打这个号码。

那么,她怎么就成艾米故事的女主角了呢?

这好像有点过于简单了。

其实不然。

考特妮传达善意的行为,是关怀和理解他人的一个强有力的例子。我不仅给她起了一个"富有同情心的考特妮"的昵称,还将展开长篇大论来探讨她的做法有多棒。

1. 首先，也许是最重要的一点，**考特妮注意到了艾米的挣扎，她很认真地对待她，并以善意回应**。我们有许多善良的动机，比如：1）别人对我们做了善举，所以你觉得我们必须回报这份好意，对别人也做出善举；2）你的孩子一直看着你，你觉得有必要做个好榜样；3）你刚从教堂、犹太会堂或清真寺出来，被仁爱的气息所包围；4）你看到一张保险杠贴纸上写着"随心随意行善，无来无由求美"，而你碰巧心情很好，阳光明媚，所以你给了卷饼摊伙计一大笔小费；5）或者说你对某人做了蠢事，你的负罪感驱使你尝试纠正错误。

别误会我的意思。上面这些形式的善举（当然，善举不在于形式）都很伟大。我支持你去做任何有关仁爱的事，但这跟面对苦难时的仁爱是有区别的。在艰难时期，仁爱似乎是一个显而易见的选择，但它可能比我们想象的更难。在面对苦难时，人类的本能是想要远离、忽视、大事化小，或者试图解决它，或者提供处理建议。虽然解决方案和建议有时候可能会有帮助（更多信息请见下文），但这和一个人在事情很糟糕、感觉不愉快或非常可怕的时候出现在你身边，并留下来以友好、慷慨和体贴的方式回应你，是完全不同的事情。考特妮就是这么做的。

2. 考特妮的举动不光是善良，更是**一种尊重**。善良是蔑视的对立面，蔑视是一种认为某人或某事不值得我们尊重、认可的感觉或想法。考特妮的孩子也有腹绞痛的毛病，我认为她并不觉得自己有大量的空闲时间或多余的精力，而且我敢打赌，她并不希望别人在半夜叫醒她——尤其是刚在小组聚会遇到的那位眼神狂热的女士。考特妮完全可以建议艾米拨打当地的育儿热线，或者跟她的儿科医生谈谈，但她没有这样做。她给了艾米自己的电话号码，她这样做是为了让艾米知道，她的提议是认真的。我想不出比这更清晰、更有力的表达尊重或赞同的方式了。那张纸上可能只有几个数字，但它表达的是："你的挣扎是真实的，它们很重要。你并不孤单。你很重要，值得我花时间和精力回应，所以随时给我打电话吧。"

3. 考特妮**没有试图解决任何问题**，这实际上是我们在应对苦难时所能做的最善良的事情之一。她没有给艾米列一份书单，也没有提供什么治疗腹绞痛的秘方（温馨提示：这种秘方不存在）。如果我们在别人面临痛苦或困惑时提供建议或意见，传递的潜台词就是：这个人应该换一种方式解决问题；他们应该做得更好；他们之所以遇到困难，是因为他们没有足够努力，没有尽力尝试，或者他们不够好。不管这是否属实，对于已经身陷困境的人来说，这些建议无异于一支锋利的箭。

4. **考特妮没有提供超出她能力范围的东西**。她没有邀请艾米去她家做客，也没有提出帮她照顾孩子，更没有告

> 没有人喜欢不请自来的建议。尽管对方可能出于好意，但主动提供建议总会让我们觉得，好像别人在试图纠正我们，这种感觉并不好。当我们已经有了解决方案，我们也会想要提供给别人。但现实是，除非有人明确地征求你的建议，否则他们可能并不想要或者不想听——哪怕你的建议可能真的有用。

诉她自己家的地址，邀请她随时去玩。考特妮并没有为了帮助艾米而不顾一切。她只是做了她能做的事。

5. 考特妮没有给艾米提供建议，而是分享了自己的电话号码，**这说明考特妮发挥了共情和好奇心的力量**。她不仅告诉艾米你并不孤单，因为考特妮自己也同样挣扎过，而且她开启了进一步联系的可能性。此外，让别人给你打电话聊天，几乎完美诠释了什么是好奇心。（当然，如果你开始疯狂地长篇大论，讲自己的糟心事，或者评判别人的所有糟糕之处，或者认为他们应该换个做法或做得更好，那么这绝对不是好奇，所以请不要这样做。）

6. 考特妮**没有因为想让自己或艾米感觉好一些而伸出援手**。她这样做是因为艾米正深陷痛苦之中。这是一个微妙且非常具体的问题，但也是至关重要的一点。感觉更好是同情心的一个常见的副作用，但它不是目标，也不能把它当作目标，因为我们无法控制自己的感情。把成功建立在你无法控制的事情上，是一个非常糟糕的想法。一旦我们渴望感觉更好，就会认为感觉不好是不对的。然后，我们就会开始评判和指责自己，啪啪打脸。

所以，考特妮很棒，她所做的事情也很棒。但是请不要误解我的意思，我不是建议你把你的电话号码发给遇到的每一个苦苦挣扎的人。那样做往往会事与愿违。我只是希望你能弄清楚什么是善良、什么不是，这样你就可以尽可能地分享一点你的善意。回顾一下，所谓善良就是：

- 注意到你的痛苦并认真对待。
- 尊重自己，而不是蔑视自己。
- 把修复自己或解决问题的需求先放一边。我不是说你不要去做修复这种事，只是想强调，如果能从仁爱的角度出发，你就能对问题产生更清晰、更有创意、更自信的看法。
- 你不需要过分表现自己的善意。只要尽你所能，做你能做的就好。
- 共情和好奇心的本质也是仁爱，在你不确定能做什么的时候，不妨先从它们开始。
- 记住，你善待自己不是为了让自己感觉好一点，而是因为自己感觉不好才这么做的。这就够了。

→ 如何善待自己：善意的自我关怀之箭

假设你刚被生活的第一支箭射中了。不管是你的幼年的孩子患有腹绞痛，还是你家大点的小孩需要戴牙套，或者是你真的应该去检查的一个奇怪的肿块，还是有个妈妈刚跟你说的，你的两个孩子上周末参加的聚会上有大麻，糟糕的事情就这么发生了。现在想象一下，如果射中你的不是第二支箭，而是一支毛茸茸的仁爱之箭，箭上载着一个篮子，篮子里装着你父亲自制的甜甜圈、一杯美味的咖啡、你最喜欢的杂志或报纸，甚至可能是一个管家、一个保姆、我写的这本书，或者考特妮的电话号码落在了你的门口，那么会怎样？

遗憾的是，这支特殊的箭实际上并不存在，但篮子里的另外一些箭却是真实存在的。无论我们的经历有多痛苦，令人难以承受、不知所措，无论我们误入歧途有多远，感觉非常疲惫、不堪重负，我们总是可以以善意去回应。我们可以选择从箭袋中拔出一支不同的箭——一支自我关怀的箭。

在我们开始讲述自我关怀的具体细节之前，我得提醒你一下：**自我关怀不等于自我提升**。这一点真的非常重要，你如果和我认识的大多数人一样，那么让这个想法真正在你警惕的大脑中扎根，可能需要好长一段时间。自我关怀的重点不是让自己感觉更好，或者身材更好，或者生活更有条理。请把上面那句提醒的话刻在你最喜欢的手镯上，或者把它文在你的额头（当然，你要反着纹）或任何能让你记住的地方。我的意思不是说自我提升是一件坏事，而是说它和自我关怀是两码事儿。如果我们把这两件事情混为一谈，那么我们的努力就变成了提升自己，这就意味着我们会一整天、时时刻刻地提醒自己，我们能变得更好。**这样不累才怪！**

在本章剩下的部分，我们将探索十种你可以经常练习的自我关怀策略。前四种策略（善意的自我对话、善意的故事、一心一用，以及设定界限）能不时地提供善意，补充你的能量，让你更有力地对抗生活中的第一支箭。后六种策略（啜饮、吃零食、拉伸和泡澡、依偎、歌唱和看电视，以及睡觉）在任何时候都很有用，能够强力地取代糟糕的第二支箭。

→ 自我关怀的前四支箭：善意的自我对话、善意的故事、一心一用，以及设定界限

善意的自我对话

一个朋友最近给我发短信说了她儿子的事，她儿子是我女儿五年级的同学。显然和我女儿一样，她儿子习惯把他所有的数学试卷都塞进书包底部，而不是放进数学文件

夹。她给我发了一张破损的、皱巴巴的试卷照片，以及一连串信息，最后一句话是"唉，我真是糟糕的母亲"。

我们都知道，一个五年级的学生不能正确地归档自己的试卷，不代表我朋友的育儿方式有问题。我想，我的朋友也同意这个评价。但问题不在这里，而在于最后那条信息怎么来得如此之快。我的朋友并不是想到她儿子把试卷塞进书包里，然后一番深思熟虑，得出了这个结论：很显然，她是糟糕的家长。不，她根本没有思考，这几个字从她指尖输出的速度，比她打自己的名字还快。

她一直就是这样想的。

我猜她还没有意识到，她经常认为自己是糟糕的母亲。但是毫无疑问，这种蹩脚的自我对话绝对影响了她的情绪，以及她对自己育儿能力的信心。还有，这种想法也让她没有心思去思考：她儿子为什么总是把试卷弄得皱皱巴巴？她又为什么这么在乎这件事？如何创造性地思考解决方案？

一旦我们开始关注自己的想法（但不要陷入其中），我们大多数人最先发现的是我们与自己交谈的方式有多糟糕。我们对自己说的话比对我们的死敌都严厉，因为我们至少不会当着他们的面这样说。

我是糟糕的父亲（或母亲）。

我毁了我的孩子。

我完全搞砸了。

别的父母比我更快乐，更称职，更冷静，更有条理，更有耐心，更怎样怎样。

我们不光对自己说这样的话，还一遍又一遍地重复，把这些想法根植到我们的潜意识中。而且，大多数人根本意识不到自己正在这么做。

那真是糟糕透了。

幸运的是，善意的自我对话是一种超级简单的策略，能够让你更容易应对生活中的难题。你要学会如何驱逐占据你大脑的那个消极的小妖精，然后为一个啦啦队长，或最好的朋友，或一只快乐的小狗腾出空间，它会跟着你（当然，它的方式一点也不讨厌），并且无条件地爱你。幸好，你不必为了改变脑海里的声音而真的去养一只小狗，以下才是应该做的：

保持注意。我们已经三番五次讨论过这一点了，但强调一下仍然非常重要。如果你没有注意到每次你都在批评、虐待、骚扰、贬低、怀疑或伤害自己，那么你就无法改变它。

不要因为你注意到的任何事情而自责、羞耻或内疚。尽量不要深究这些想法，不要与之对抗，也不要花过多的时间思考这些。你纠缠了很长时间，并不代表那就是真实的。说实在的，你可以认为你每天、每时、每刻都有隐形传送的超能力，但你不还是要开车穿过城市去听你孩子的演奏会吗？所以说，不管你那些乱七八糟的想法有多强烈、多频繁，你只需要注意到它们，然后让它们消失。这样做可能会花些时间，但会让事情变好。

试着用一种友善的方式与自己交谈——不管那对你来说意味着什么。提醒自己你们有共同的人性，对自己的处境感到好奇，并专注于理解、接受和原谅。这听起来可能很俗气，但事实并非如此。不要用含糊的陈词滥调来攻击自己，而是试着用你自己的、安慰好朋友的话来安慰自己。

学会善意地和自己对话，就像学会一门新的语言。找到合适的词可能很困难，说出口又可能觉得很奇怪。没关系，这不代表你做错了什么。这只能说明你在尝试新事物，事情会变得越来越简单。以下是一些可能对你有帮助的技巧：

· 学习一门新语言最快、最有效的方法之一，是花时间与母语是这种语言的人相处。向那些会对你说出关怀之语的人求助，给他们打电话、发信息，或者做任何可以做的事情。你如果不知道如何开头，不妨回头看看本书第五章中和"快乐松饼妈妈"在家门口的对话。你可以考虑做出选择，在你纠结的事情中选择一个看起来最容易解决的，然后从它开始。如果你的朋友对你施以关怀，你就听他讲。你不认真听别人怎么讲，就永远不可能学会一门新语言。

· 如果自己不知道说什么，你可以借用别人的话。在关键时刻，一句名言、一句口头禅、一句祈祷词或一段最喜欢的歌词，都会非常有帮助。如果有更多的空闲时间，你可以打开你最喜欢的播客，或者拿起你最喜欢的书，不一定非得是励志自助的书；任何能让你平静下来，帮助你从糟糕的自言自语中解脱出来，让你感觉更亲密、更好奇的东西，都是很好的选择。

·持续练习。事情会越来越简单。下面提供了很多例子可供使用，你也可以自己想一些，然后把它们写在便利贴上，贴在你的房子、汽车和婴儿车上。

今天是艰难的一天。这是艰难的时刻。但没关系。

我是个好妈妈/好爸爸/好家长。

这很糟糕，但总会过去的。

我爱我自己，也接受自己本来的样子。

我会花时间照顾我自己。

这本书里的女士说我不是糟糕的父亲/母亲，也许我可以相信她。

养育孩子真的好难，但这不代表我做得不对。

我并不孤单，这对所有人来说都很难。

呼吸。深呼吸。

我在想什么，感觉如何？我现在需要什么？

善意的自我对话是一种重要的自我关怀策略。如果由于一些实际上并不存在的奇怪原因，你只能专注于一种形式的自我关怀，那就是这一策略了。你随时随地都可以进行练习，如果你注意到了自己糟糕的自我对话，转而善待自己，那种感觉就会像你放下了一些你自己都没有意识到的重担。

给自己讲个善意的故事

让我们回到我的朋友和她儿子的电子阅读器还有BDSM漫画上来。这会是她一直讲的故事，而且她可以用一百万种不同的方式来描述它：

1）"这该死的生产电子阅读器的工业联合企业，坑害了全世界无辜的父母。"

2）"我儿子是个潜在的色情狂。我完蛋了。"

3）"这就是孩子们不应该读漫画小说的原因。就是因为这个！"

4）"我是整个宇宙史上最糟糕的父亲（或母亲）。"

5）"我努力回想了一下，我是第一批给孩子买电子阅读器的父亲（或母亲），因为它是个新鲜物件。自从印刷机诞生以来，孩子们一直在阅读和接触一些并不适合他们的东西。所以，就算这部电子阅读器不出现问题，也可能是别的什么东西。我们都在尽力避免出问题，我会挺过去的。"

我知道，我在这本书里一直强调没有所谓的对与错、好与坏这样的事情，但鉴于我是这本书的作者，我不得不反驳一下自己。我要告诉你：在这种特殊情况下，**绝对有正确的答案。**

如果还不够明显的话，让我告诉你吧，正确答案就是5。（好吧，可能1也有点道理，但答案真的是5。）

我们要寻找一个富有关怀之心、同情心、仁爱之心的故事来进行自我对话，但在这个过程中，我们需要精心创作一些新的叙述方式——从坏事发生的那一刻开始，就要创建更积极的叙述思路，来改变我们面对困难的思考方式，进而渗透我们的整个生活，让我们能够以更大、更清晰的视角来观察这个世界。

一心一用（或至少能做到一心少用）

一心一用是一心多用的反义词。它是说我们在特定时间内只能做一件事情，尽我们所能将注意力集中在我们正在做的事情上。这是我们应该尽可能实现的目标，如果无法实现，那么目标就是一心少用（如果你想知道，我会告诉你这个词是我刚编出来的），也就是尽可能多地把任务放到一边——至少目前是这样。

在这一点上，你可能会认为我完全疯了。因为如果突然、立刻停止手里的一大堆事情，衣服就永远不会叠好，晚饭就永远不会做好，工作邮件也不会去回复，你的孩子也不得不自己解决他们的数学作业。

你可能在想，这玩意儿和仁爱有什么关系？

好问题！很高兴你问了这个问题。

想象一下，你最好的朋友刚刚给你发了信息。她那里一团糟，需要你的帮助。你把孩子送到学校，重新安排了会议，然后去了她那里。等你到了朋友家，发现她坐在厨房的桌子旁边，看起来很沮丧、很崩溃、很紧张。她声泪俱下地跟你讲她孩子的心理测试结果，讲她应该给专家打电话预约，但她没有时间。因为她在一项重要的工作上落后了，而且上周地下室的水灾还没有解决，房子里一团糟，另外她很确定家里的猫需要拔牙，洗碗机也该买新的了。

让我们想想你会怎么回答。

我确信，你不会在这个时候指出桌上摊开的衣服还没有叠好，或者水槽里的盘子还没有洗。我知道，你也不会掏出手机给她看糟糕的头条新闻或社交媒体更新，或者提起她那个混蛋前男友，以及说一些"他应该帮你"之类的话。你也肯定不会说，她如果觉得和专家交流很困难，那就等到孩子上中学吧，因为那才是最糟糕的时候。

重点是，你不会这么做。因为首先你不是个蠢蛋，其次，即使你完全相信能同时处理多个任务对我们的生活很有必要，否则生活就会分崩离析，你也不会向你在乎的人射出同样的第二支箭。相反，你会找一盒纸巾，给她冲一杯咖啡，甚至拿起纸和笔，帮她理清混乱的思路。最后，你想到了一个方法。先做重要的事，然后一次做一件事，她会挺过去的。

这有点像做计划。有时候为了做到一心一用确实需要一点计划，有时候则不需要。但无论怎么做都是值得的，因为一心多用就是强加给我们的第二支箭式的废话。它让我们备感压力，让生活变得更加艰难，还会让我们觉得自己能力不足。当我们专注于一次只做一件事时，我们会更冷静，更不容易搞砸，也更容易注意到需要注意的事情。一心一用和一心少用本质上都是以仁爱之心来对待发生的事情。选择放下手中挥舞的火焰之剑，可以减少我们的压力，并使我们在这个过程中不会掉下、忘记、打碎，或者丢失某些东西（包括我们的思想），然后一切都会变得特别简单。

在理想的世界里，我们都有一个好朋友或一个仙女教母。每当我们崩溃的时候，他们就会来到我们身边，帮助我们专注于一件事。可惜这样的世界并不存在，因为如果存在的话，前面提到的仙女教母不只会帮助我们全神贯注，还会帮忙解决我们遇到的所有问题，我们就可以安逸地躺在沙发上，欣赏那部一直想看的电影了。我们完全不用担心孩子，他们正跟仙女教母玩呢。想得美！你懂我的意思吧。还有一点是，其实我们可以自己为自己做这些事。在任何时候，我们都可以向自己释放善意，选择一心一用

（或一心少用）。我们可以提醒自己，此时此刻我们不必去解决或处理所有事情。我们要注意到自己什么时候试图一心多用，这时我们要放下手机，或者关闭笔记本电脑，或者放下那些让我们分心的、无益的担忧，这样我们就可以花一分钟来倾听孩子的唠叨：为什么厕所被称为便池？

如果放慢脚步或少做一些事情都会让你浑身起疹子的话，那么请记住，我们并不是要追求完美。如果你喜欢边叠衣服边看电视，喜欢边和朋友聊天边散步，或者边做饭边听音乐，那就继续吧。但是，当你在处理一个复杂或有压力的情况，或者你需要专注于你的情绪或你的孩子时，那么这些都是好机会，可以让你把尽可能多的任务放在一边，专注于善待自己。

设定界限

很多人（老实说大多数是女性）很难设立并保持界限。我们内心明明想拒绝，嘴上却答应了；我们同意拼车、参加委员会、参加我们完全不感兴趣或没有时间和精力去做的活动和事情；我们对孩子做出自己不敢去兑现的承诺。

我们会这样做，是因为我们认为自己应该这样做。毕竟好的父母都会这样做，对吧？或者我们觉得我们需要以此来赎罪，或者我们担心其他人的想法，或者我们不想让他们感觉不好。但是，让自己感到羞愧或内疚，去做一些我们不想做的事情，这与仁爱几乎完全背道而驰。如果你很难接受这一点，想想你的朋友、家人、父母或任何你关心的人，他们面临这种情况时，你会如何建议他们？我们都明白，你可能会引用南希·里根（Nancy Reagan, 1921—2016）的那句话：勇于说"不"。

这正是我想让你为自己做的。勇于说"不"。

或者是"不了，谢谢"。

或者是"现在不行"。

或者是"绝对不行"。

设定并保持界限，可能暂时会让你感觉不舒服，这没关系。请你记住，仁爱不是让自己感觉更好，也绝对不是把别人的感受凌驾于自己的感受之上。

→ 后六种策略：啜饮、吃零食、拉伸和泡澡、依偎、歌唱和看电视，以及睡觉

乍一看这些活动，你的第一反应可能是，这些都是最基本的自我关怀活动，确实是这样。但我希望你能意识到，给予自己最基本的关怀是强大的共情能力的体现，而共情能让生活和养育子女变得更容易、更有效、更精彩。也就是说，这些事虽然简单但很重要，所以你应该认真对待。但也不要过于认真，这样可能会让你感到压力，这就不好了。

此外，你可能会觉得，这些策略没有一个能解决实际问题，你真的没有时间做这些无聊的事情。好消息是你说对了一半。这些策略确实不太可能修复什么，这完全没问题，因为：**你不需要被修复。**

你需要仁爱、共情和宽恕，需要几分钟时间来放松、呼吸，治疗那些生活中不可避免的、折磨人的伤口，但你不需要被修复。

关于你讲的第二点，你没有时间做这些无聊的事情。首先，这些可不是无聊的事情，你这么想我有点生气。（开个玩笑，我没生气。我懂你的意思。提到自我关怀的时候，我也是这种感觉。你会度过这个时期的。）不管怎样，让我们回到你忙碌的一天。毋庸置疑，你被所有要做的事情压得喘不过气来。我知道，我也有同感。但另一个事实是，我们人类总会设法为重要的事情腾出时间，这是人之常情。有时我们会因没有精力做得更好而陷入第二支箭带来的痛苦，艰难地度过一天，但我向你保证，如果能够照顾好自己，那么我们处理起每一件事情就会容易得多。（此外，我们越是练习自我关怀，它就越容易、越自然地来到我们身边，直到成为我们熟练使用的另一种语言。）

所以，你要持续注意你的第二支箭想法，比如"修复它"或"我不值得"或"我没有时间做这个"，然后选择下文中善意的自我关怀之箭来代替：

> 找到适合自己的自我关怀之箭，无论找到的是什么，请不要评判你自己。我喜欢解开绳结，比如项链上的绳结、纱线上的球球等，这样做能让我平静下来。不管是做剪贴簿、弹尤克里里、凝视天空，还是放着音乐在高速公路上行驶，都没关系。只要你喜欢，并且这件事能治愈你，那就去做吧。

啜饮。准备一杯水、一杯茶、一杯咖啡，或者其他任何能抚慰你的饮品。就算你要匆忙出门或者处理孩子们之间的争吵，也不要把准备好的饮品放回去。我想要表达的是，仅仅满足身体对水分的需求，并不是所谓的自我关怀。如果可以的话，请准备好你的饮料，找个位置坐下，花点时间慢慢享用，暂时忘掉你的孩子。切记，很重要的一点：不要喝酒。我不反对饮酒，但饮酒并不是自我关怀的行为，而是常见的第三支箭中的回避行为。酒精是一种中枢神经系统抑制剂，尽管它可能会让你的第二支箭的负面情绪消失几分钟，但它也会扰乱你的睡眠。随着时间的推移，它还会增加你的抑郁和焦虑感。因此，如果饮酒对你有用就请享受吧，但不要将它与自我关怀混淆。

吃零食。花点时间，注意你的身体状态。你上次吃东西是什么时候？你饿了吗？喂饱自己是我们能为自己做的最善良的事情之一。但对于大多数人来说，提到吃东西，就会被身体形象的变化、刻板的规则、臆断、羞耻感和后悔所纠缠。这不是因为我们太软弱，而是因为社会大环境的影响，我们很难与食物建立起良性的关系。

学会在不同的时刻投喂自己，不同于情绪失控时的暴饮暴食。前者要注意到自己饥饿和渴望的感觉，你要尊重这些感觉，并给自己精心准备好所需的东西；后者则是用食物来忽视、压抑、否认自己情绪的一种方式。是花时间弄清楚自己的需求，并允许自己放慢脚步享受，还是将一整盘巧克力蛋糕塞进嘴里，二者截然不同。对每个人来说，想要从那些差劲的感受中解脱极其困难，所以如果现在觉得太混乱或者难以应付，那也没关系。你不需要现在就解决这些问题，面临困境时，还有许多其他善待自己的方式。选一种就好。

拉伸和泡澡。我们可能没有意识到的是，我们的身体吸收并承载着我们的压力、焦虑、恐惧、愤怒、困惑等负面情绪，还承载着对过去、现在和将来的担忧。似乎在每年的12月，我们都会出现胃部不适、肩膀紧绷、背部疼痛等症状，这些症状绝对不是凭空出现的。当我们愿意花时间去注意这些正在发生的事情，认真对待它，并决定以某种方式回应时，我们几乎总是专注于解决问题。于是，我们开始尝试一些新奇的饮食，学习不同的伸展活动，或者重新开始物理疗法。所有这些尝试都很好（呃，也许不包括新奇的饮食），但它们并不等同于仁爱。善待我们的身体是应对困难时刻、痛苦冲突或不良情绪的最好方式之一。（我得提醒一下，这不等于提高身体素质。）

所以，我再一次强调，花一点时间注意你身体的感觉，看看你是否能找出让你感觉良好的方法。你是想去散散步，还是坐在门廊上花几分钟沐浴阳光，还是洗个舒服的热水澡，再或者去做个按摩？如果你现在无法做到这一点，那么你能不能找到一种方法，可以在日常工作中更爱自己的身体？

依偎。对很多人来说，身体接触是一种强有力的善意举动。不过孩子们爬到你身上，对着你的脸咳嗽，用他们尖尖的小胳膊肘顶着你的身体，这些可**不算数**。无论你是否有配偶或伴侣，都无法保证你对亲密接触的这些需要得到了满足：拥抱、牵手、依偎，或者性爱？如果你需要亲切的、紧密的接触，你可能需要去寻找，比如，告诉朋友你需要一个拥抱，和你的配偶或伴侣去约会、看电影，或者预订一家酒店。

如果你没有能提供这些身体接触的人，你能在这个问题上给自己一些同情吗？这件事只和仁爱有关，不要把它添加到自己的糟糕事项清单中。

当然了，如果你的生活中**确实**有那种想要/期望/需要身体接触的人（你的配偶或伴侣或许一直都想要），我们会发现身体接触这种事也会成为一种压力，感觉就像你必须腾出时间来做这件事，或者让它躺在你那无休止的待办事项清单上，让人很有负担。如果有类似的感觉，你可以在今晚给自己留一点独处的空间，或者在孩子长大到可以一觉睡到天亮之前，每晚都能休息一下。

歌唱、看电视或读书。有时候我们只是想要跳舞、放声大笑，或者沉浸在另一个虚幻的世界中，那种时长四十七分钟、坏人被绳之以法或有情人终成眷属的节目就特别合适。这种感觉温暖又模糊，仿佛包裹着一件柔软蓬松的毛衣，每个毛孔都透着舒适。

现在有一个超级棘手的任务，就是要辨别我们让自己休息一下的善意，和重蹈第三支箭坏习惯的覆辙（我们都会这样做的，每一个人！所以不要为此自责。）之间的区别。当然了，诀窍就在于我们要学会注意。如果我们能够退后一步，注意到自己感觉如何、正在做什么、做了多长时间，并且注意到影视节目界面竟然问我们是否还在看，我们就需要有一种洞察力，来弄清楚我们是在善待自己，还是在试图分散自己的注意力。

睡觉。当我们筋疲力尽的时候，我们真的很难同情自己。我们大脑中允许对自己仁爱和同情的部分会关闭，因为它已经达到了极限。我们真正需要的其实是小睡一会儿，但我们却打击自己，责备自己，让自己感觉糟透了。

关于自我关怀和**零食**的最后一点说明：请注意这张列表中缺少一样东西——社交媒体。尽管社交媒体可以是一个联系的来源，尤其是它可以帮助你与支持你的朋友或社群取得联系，但是，有些人登录社交媒体只是想快速查看一些消息，却深陷于高中死敌的社交网页中，久久不曾离开。所以你得知道，你的社交媒体账号可能是一个潜在的危险源。那些社交媒体上的坏消息，其实你完全没必要去听；那些"完美朋友"的最新推文，会让你忍不住去攀比。手机屏幕就像一个随时会爆炸的地雷，你也不想踩到吧？

→ 仁爱对孩子的帮助

每当我们以仁爱之心应对艰难时刻，我们不光为孩子做了榜样，也给他们的人生上了几堂极其重要的课：

· 仁爱不只是一种对待他人的态度。
· 即使是在我们最低迷、最艰难、最糟糕的时刻，我们每一个人也都值得被善待。
· 仁爱不是交易，也不是以牙还牙。它不是我们必须足够优秀才能获得的奖励，也不是我们需要努力才能得到的回报，更不是我们以后必须偿还的债务。

・仁爱不是软弱。它强大又充满力量。

・仁爱并不等同于友善，它不是为了让我们自己或他人感觉更好。

当我们以实际行动来照顾自己时（自我关怀之箭），我们不仅是在教我们的孩子也这样做，也是在帮助他们在遭受痛苦时照顾自己，在必要的时候设定界限。最后，我们每次善待孩子，都是在巩固我们的关系，让他们有机会体验共情的治愈力、安抚力和力量感。

→ 进阶式仁爱练习：仁爱冥想

大多数人认为，仁爱是一件可做可不做的事情，但多数时候又会对孩子进行说教。其实，仁爱就像共情和好奇心一样，也是一种实践。这是我们可以学习的东西（因此，这是令人愉快的一章），并且可以通过练习而提高。我们做得越好，它就变得越容易、越自然。

正如我前面提到的，仁爱有很多不同的方式，其中一些很容易实践。比如，用同情心对待他人。不过，自我同情和善待自己是很难实现的，因为我们埋头于解决第一支箭（也可能是第二支或第三支箭，取决于具体情况）的问题，可能已经筋疲力尽、紧张焦虑、愤怒无比，无法清晰地思考。这时孩子们在哭闹，狗在地毯上大便，整个一团糟！

学过第二语言的人都知道，在紧张、痛苦和恐惧的时候，我们很大概率会回归母语。对我们大多数人来说，面临挑战时，我们默认的母语就是本能的自我轻蔑。

这太糟糕了。

幸运的是，我们可以练习仁爱，而不是以"随心随意行善，无来无由求美"的方式，随机地追求无来由的美。我们可以练习满怀仁爱的自我对话，这可以称得上是所有自我关怀练习的入门行为。最棒的是，这种练习不需要我们在晚餐时间穿过城镇走向田野，也不需要做家庭作业，只需要花一点时间，对自己重复一些简单的话语。

这些话语来自佛教的禅修，即仁爱冥想。不，你不需要变成佛教徒，也不需要信仰任何东西。只要你愿意满怀仁爱地自我对话就可以了。以下是我推荐的做法。

1. 选择你想重复的三四句话。我选择这几句：愿我快乐，愿我健康，愿我平安，愿我生活自在。

还有很多其他的选择，所以请随意挑选适合你的。比如：

·愿我远离危险。
·愿我生活平安。
·愿我精神富足。
·愿我身体健康。

- 愿我安宁。
- 愿我一切都好。
- 愿我生活安逸。
- 愿我找到内心的欢喜。
- 愿我远离病痛。
- 愿我不受伤害。
- 愿我脱离痛苦。

第一次说这些话语时，你可能感觉很俗气。但不管怎样，请说出来。找到适合你的词语和短句，对你一定会有帮助。你可以根据一天里的不同需要使用不同的词语，也可以每次都使用相同的词语，只要适合你就行。记住，你正在学习一门新的语言，这需要时间。请坚持下去。

2. 抽出几分钟时间，哪怕只有三四分钟也可以，深呼吸几次，让自己平静下来，集中注意力。在接送孩子前后的时间里，把车停到停车场，然后静坐几分钟。也可以在午休前抽出五分钟时间，专注你的呼吸，重复上面的句子。

3. 想象一个总是同情你、照顾你的人。一个善良、有爱心的人，你和他有着或者曾经有着简单的关系。他可以是你的一个家庭成员、一个最好的朋友，当然也可以是你心爱的猫。你想着他们，向他们传达善意，说出你自己版本的"愿你快乐，愿你健康，愿你平安，愿你生活自在"。

4. 重复这些语句很多遍之后，回想一个中立的人。这个人可以是邮递员、杂货店的打包员，也可能是你孩子学校外面的交警。想着他们，向他们传达善意，说出你自己版本的"愿你快乐，愿你健康，愿你平安，愿你生活自在"。

5. 现在，想想那些让你抓狂的人。这个人可以是让你头疼的混蛋表弟，可以是让你抓狂的同事，甚至是你的孩子。先不要从你最讨厌的人开始，也不要从每次看到都会让你有挫败感的人开始。这是项练习，可以慢慢开始。放轻松，想着他们，向他们传达善意，说出你自己版本的"愿你快乐，愿你健康，愿你平安，愿你生活自在"。

6. 准备好之后，可以将重点转向自己了。需要的话，可以做几次深呼吸。然后对自己说："愿我快乐，愿我健康，愿我平安，愿我生活自在。"

7. 再做几次深呼吸，让这些话语融入你的身体。然后循环往复。

练习仁爱的方式没有对错之分。花两分钟向你的猫传达善意，因为它们是你此刻唯一能唤起积极情绪的生物；花全部的时间关注自己，因为你现在真的需要这样做。不管方式怎样，都是完美的。

传统的仁爱冥想是从对自己发出善意开始的，然后是对心爱的人（或宠物），然后是中立的人、很难相处的人，最后是整个世界。随着这种冥想法在西方越来越流行，冥想导师们逐渐意识到，他们的学生觉得从对自己发出善意开始冥想真的太难了。对他们来说，这样好尴尬、好陌生，让人无所适从。他们觉得自己不配这样做。所以冥想导师调整了顺序，让人们先从自己爱的人开始，再一步步转向自己。

我第一次听到这事时几乎流泪了。（好吧，我泪点很低，能咋办？）但说真的，这多可悲啊！我们中的许多人竟然认为自己不配拥有最基本的人权：快乐、健康、平安和自在。这是多么可悲啊！你如果也这样觉得，请不要为此感到难过或自责。试着对自己充满同情，并持续练习吧。

请记住最重要的一点：仁爱是蔑视的解毒剂。无论怎样，你永远、永远值得被善待。

第八章

如何关怀孩子

秋天刚开学没多久，恰逢一个阳光和煦的周日。我家十一岁的女儿迫不及待地想要和班上的一个新同学玩耍，那个孩子恰巧住在公园的对面，他们可以在公园里玩。因为疫情，大家已经被封锁得太久了，迫切需要安全的社交活动。所以，我当然同意让她去玩啦。

几个小时后，女儿回家了，笑容满面。吃晚饭的时候，她兴高采烈地与我们分享了下午的快乐时光。比如，她们两个小朋友走了一公里多的路，就为了买支冰激凌。起初，我还很开心孩子长大了，会自己买吃的了，可转念一想，那家冰激凌店可没有户外座位呀！我们一家人在疫情期间都没有堂食过，所以我开始有点担心，难不成她们站在路边上吃的冰激凌？

"你们是在哪儿吃的冰激凌呀？"女儿愣了一下，我的心也跟着沉了一下。

"在店里吃的，"她回答道，"我们坐在店里的隔间吃的。"又顿了一下,"不过我们两分钟就吃完啦,而且我们坐在最里面。"

天哪!

我浑身紧绷,脑子也一团混乱。疫情期间,我们尽可能地给孩子自由,让她跟朋友玩耍,尽量不去限制孩子的天性。但是,堂食是绝对不可以的!她知道我们家严禁堂食!

但她根本没当回事儿。

按照以前的脾气,我马上就要发火了。确实,我差点就跟女儿发脾气了。说实话,作为母亲,在这种情况下发火也合情合理。因为她破坏了我们家疫情期间坚守的最重要的原则,而这可能会危及全家人的健康。我当然可以呵斥她,甚至是打她几下让她长长记性,以后不准她单独出去跟朋友玩,甚至在读大学之前都不准她再吃冰激凌。(郑重声明:以上行为只会影响整个家庭的良好关系。其实我跟丈夫都不愿和女儿闹僵,女儿也需要我们。更何况,怎么可能控制她在上大学之前都不再吃冰激凌嘛。)

即便如此,我还是思考了一会儿。等等,我真的思考了!在感觉一切都快失控前,我可以尽情宣泄压力,狠狠教训女儿,让她不敢再犯同样的错误,并行使我作为母亲的权力限制她的自由。说实话,我很难不这么做。

但我还是压住了怒火,没有这么做。大概是我正在写这本书的缘故,我看清了太多所谓的"为了孩子好";或是因为我看到了女儿满脸内疚，她心里很清楚自己犯了错；或是因为我从过往的经验中吸取了教训——抓狂是解决不了问题的。孩子们不会因此就学会下次做得更好的本事，他们只会在下次犯错时，隐瞒自己的错误和糟糕的决定。这不是我要的结果，尤其是我家女儿即将步入叛逆期。我希望孩子们能跟我交流她们的想法，特别是犯错之后的想法。

我深吸一口气，很深的一口气。

然后我说道："好了，宝贝。这样吧，我们忙了一天，现在都很累了，先去睡个好觉，明天再讨论这件事。不管发生了什么，妈妈都爱你。"

说实话，在这种情况下还能保持风度，我真是太厉害了。

随后，我表现得像个沉稳的家长，下楼跟丈夫吐苦水：我们一家人已经一年多没在外面吃饭了，生怕让她爷爷奶奶染上病毒，真不知道她怎么想的，跑出去吃冰激凌……

吐槽完后，我的心情确实好了一些。

直到第二天晚饭时，我们才有空说说话。这很好，我确实需要用一整天的时间让自己冷静下来，清晰地想明白如何处理这件事。我决定从好奇的角度开始，先搞清楚为什么我的宝贝女儿要在店里吃冰激凌。这是第一个问题，但不出意外，正如后文中我们将探讨的，以"为什么"开头的设问通常都是无效的。孩子们只会含糊地回答："我不知道。"不过，我相信她。那一刻我完全相信了我的女儿，她确实不知道自己为什么要在店里吃冰激凌。

于是，我准备换个策略。

我尽量平静地问她："你回想一下，你们拿到冰激凌的时候，当时在想什么呀？"

她想了一会儿，说："在想冰激凌。"

这个回答令我茅塞顿开。我的女儿大部分时候还是很乖的，是个守规矩的孩子，如果有不满也会跟我们沟通。但是，她终究只是个孩子，只会考虑眼前的事情，而把其他的东西都抛在脑后。更何况，摆在她眼前的是冰激凌甜筒啊！

换位思考之后，我跟女儿进行了一场推心置腹的对话。我心平气和地问她，当时怎么忘了我们家禁止堂食的规矩。她边哭边说，自从疫情以来都不能和朋友玩耍，也不让在店里吃东西，什么正常的事情都该死的不让做（"该死的"是我加上去的，不是我女儿说的），这有多难受啊。我也明白，别说女儿了，我们所有人在这段时间都很煎熬。她只是想在店里开开心心地享用美食，又有什么错呢？于是，我以仁爱待之：我把女儿抱到腿上，抱着她给予安慰，我自己的眼角好像也湿润了。

等情绪稍微缓和之后，我们开始讨论如何帮助女儿下次能记起规则。女儿想出了几个法子，比如：跟她朋友的父母也通个气，以及出门前再次提醒她注意事项。

在那之后，我们没有限制女儿外出玩耍，也没有禁止她吃冰激凌，甚至没有取消她玩电子产品的时间。女儿认识到了自己的错误，为之感到内疚，我们也想出了解决办法，以免她下次再犯此类错误。但是我要明确一点：我们从始至终都没有跟女儿说，这不是什么大事，她下次再犯也没关系，也不会因为她想在店内吃冰激凌，就考虑放宽我们的家规。我们坚持自己的期望，并明确告诉女儿，如果她不听我们的意见，那么她以后就要在父母的陪同下跟朋友出去玩了——这不是惩罚，只是一种确认，她目前还无法独自做出正确的决定。

这就是关怀的魔力，它能减轻你的压力，让你放松下来，对现状进行理智的分析，这样我们就能解决问题，并规划未来。不用改变原则和边界，不用向孩子们妥协，也不让他们为所欲为。关怀还能让我们心平气和地跟孩子们沟通，增强彼此之间的关系。这对大家来说都是件好事，简直是"多赢"。但不用我多说你也明白，在育儿之路上这种机会可不常有，一旦出现，我们就要赶紧抓住它。

→ 如果关怀能在让孩子放轻松上如此有效，我们为什么不坚持呢

我在写这章内容的时候，已经是冰激凌事件几个月之后了。我反思时才发现，这件事能圆满解决，得益于我以关怀

之心对待女儿。不过，我也是花了好多年才做到这一点的。过去我也像其他父母一样，在孩子犯错时大发雷霆，或者一味地挑剌。这并不是个例，而是大多数父母的默认反应。

但是为什么呢？如果关怀在减轻压力、改善行为、增进关系方面如此有效，那么我们为什么不能一直以关怀来对待孩子呢？原因有很多，但是都与你本人的内在价值无关，更不用说你的育儿技巧和能力了。

我们对此一无所知。这不仅因为我们在成长过程中没有说过自我关怀的话，我们甚至都不知道它的存在（顺便说一句，我们的父母以及父母的父母也不知道）。所以，它对我们所有人而言都是个新事物。

我们自己就是在这样的文化熏陶下成长的：大人要给孩子立规矩，孩子才会懂礼貌、听话。我们一直被教导，如果不教训孩子，不让他们知道谁是一家之主，他们就会无法无天。我们的父母、育儿专家、网络上的亲子博主们，都在向我们灌输这种观念——混乱不是常态。之所以会出现混乱的情况，肯定是我们在育儿上花的功夫太少，做得不够好，或者没有齐心协力。

唷，这些都是一派胡言。

正如世人所说，控制其实是一种假象——尤其是对孩子来说。随着孩子年纪的增长，我们对他们的控制逐渐减弱。最终，唯一能够维持我们和孩子联系的是亲子关系的质量。但是，如果我们一直以来只会冲着孩子大吼大叫，或是以没收电子产品作为对他们做错事的惩罚，可想而知，这种亲子关系不会太好。

称职的父母。关怀一直都是个不错的选项，但并非每次都能实现。即使我们变身成"完美机器人父母"，只要按下按钮就能启动"关怀模式"（理想情况下，无论我们的孩子何时按下这个按钮，我们都能随时启动），这对孩子而言也并非好事。孩子们不需要完美的养育方式，就算我们能做到完美，也未必能让他们茁壮成长。孩子不仅仅要学会避免失误，更要学会如何从我们的失误中受益。我们的每一次失误，比如忘记给他们签字，忘记去听讲座，忘记在他们瞌睡时把他们送回房间，都是给孩子们上了一节生活中最精彩的课：

· 求而不得是常态，刚需也不总是能得到满足，但这也无妨。

· 人非圣贤，孰能无过。知错能改，善莫大焉。

· 七情六欲乃人之常情。尤其是对待所爱之人，即便情绪上头说了难听的话，做了过分的事情，也不代表我们是坏人，不代表他们就会因此讨厌我们，更不代表我们的关系会就此破裂。

· 脱离正轨时，我们随时都能调整，以关怀之心对待自己或他人。

我们都太累了，已经筋疲力尽、心力交瘁，以至于没力气给予孩子们关怀。这不是我们愿不愿意，或者说内心强不强大的问题，而是我们大脑宕机时的正常反应。一名疲惫父亲（或母亲）的大脑 = 蹒跚学步的孩子在掌控局面（哦，这是一件多么糟糕、多么可怕的事情！）；一名放松的父亲（或母亲）的大脑 = 大人重新掌控局面，知道可以深呼吸，可以以关怀待人。

筋疲力尽不是简单的睡眠不足（或者根本不睡觉）。让人消耗精力的方式有很多种——身体劳损、心理压力、情绪波动、无效社交、精神痛苦、感官疲劳、缺乏创意，这样的例子不胜枚举——单是其中一条，就能把大部分父母的精力榨干。有时我们也能应付一二，但大部分时候都感到棘手，很难处理。不过，关怀永远是你的备选项，你可以打开电视机，放一集《汪汪队立大功》（PAW patrol）或者《小小厨神》（MasterChef Junior）给孩子看，然后倒在沙发上睡一会儿。即便如此，这也是对全家人的一种深切关怀。

→ **我们应该做的事：如何关怀孩子**

孩子们长大后还是会经历苦难和磨砺的，这是个坏消息，但不怪你。这就是生活。好消息是，作为父母的我们现在多了一个选择，能够帮助我们积极地做出回应。关怀会成为一种习惯，效果远好于我们疲于应对、不知所措时，对孩子大发雷霆、唠叨说教，或者让他们独自受苦。记住以下两个缩写词，可以帮你开启关怀之旅：KISS[1] 和 SNACKS[2]。

KISS

不要夸大其词，也别想太多，不要把所有的事情都联想到一起，不要执着于追求完美。你不是他们的心理医生（后文详述），解决他们的问题，平复他们的心情，或者让一切变得圆满，这些都不是你需要操心的。这种反应既没有必要，也没有可能，就让这些幻想随风而去吧。**只需要简单明了、好言好语地沟通**。在混乱升级时，我们只需要出现，稍作停留，熟练地运用关注、共情、好奇和仁爱。这才是孩子们真正需要的。

SNACKS

第一步：停止。当我们被其他事情缠身的时候，我们很难在孩子需要的时候在场，也不可能关注到他们。我们正在做的事情很难停下来，因为总体而言，不管我们在做

---

[1] KISS 是作者自创的首字母合成词，取自 Keep It Simple, Sugar，意为"只需要简单明了、好言好语地沟通"。——译者注

[2] SNACKS 是作者自创的首字母合成词，取自 Stop, Notice, Accept, Connect, Get Curious, Kill them with kindness, and Start again，意为"停止，注意，接受，共情，产生好奇，以仁爱消灭负面情绪，从头再来"。——译者注

什么，我们都会觉得正在做的事情比孩子们遭遇的事情更紧急，或者更有趣。把我们的注意力从工作、友谊、电子产品，或一切吸引我们的事物上转移到关注孩子们上面来，这确实是件难事，但也无妨。不是让你永远停留下来，只是稍作休息。无论这一切感觉有多么难熬，我们都可以克服困难，并且通过练习让它变得更容易。

第二步：注意。或许你觉得这个建议是废话，你当然会注意到孩子的痛苦和挣扎。你会注意到孩子们发脾气、争吵、摔门等行为。只要你稍作留意，就会注意到孩子们的不对劲。但与此同时，你也会被这些情绪所消耗。

嗯，这不是我所说的注意。

你要注意的是，它不是你烦人的孩子惹恼了你，你打算收拾他一顿，而是你有足够的思维空间，让自己想起还没准备午餐，孩子只需要吃点东西就能好起来。

注意不是在给青春期的女儿选衣服时，跟她展开一场轰轰烈烈的争吵，而是选择走出房门，深呼吸几口，弄清楚自己是不是真的想被气死在这儿（你大概不会这么想）。

注意不是你想通过呵斥来制止孩子们的争吵，而是想起有时候让孩子们自己捋清楚问题也是件好事。

注意不是时刻关注着孩子的情绪，而是保持清醒，提醒自己如下几点：1）情绪没有对错；2）感知情绪不代表要解决情绪问题；3）你没有义务去抚平孩子们的情绪，你

> 有时候我们很难对注意到的事物做出反应,尤其是我们注意到了一些奇怪、可怕或令人困惑的事物。我们会感到担忧吗?(当然会,问题是我们有多担忧呢?)如果你不确定,你可以向你信得过的朋友或者成年人咨询,他们得是熟悉你和孩子的人,可以是朋友、家人、老师、儿科医生或者心理咨询师。记住,你不用一个人承受这一切。

需要的是陪在孩子身边,等这场暴风雨过后,天空放晴。

第三步:接受。这是一件很特殊的,但值得你花精力和时间去做的事。如果我们总是期待自己的孩子多么与众不同,或者因为他们不够完美而闷闷不乐,或者无视孩子正经历的煎熬,那么我们就无处施展关注、共情、好奇和仁爱。你的期待和愤怒,所有的反应都是人之常情,但不一定有用。所以,不如给自己一点时间,去聆听自己的感受,或者冲着伴侣发泄情绪,或者跟心理医生吐苦水。不管你想做什么,去做就好了,因为养育孩子实在是太难了,我们都需要找到一个宣泄口。然后,请接受你孩子当前的处境,这是他们正在经历的煎熬。再次强调,接受不代表你喜欢,也不代表你对孩子们坐视不管。接受仅代表现状就是如此。仅此而已。

　　第四步：共情。"先共情，再变更"是育儿专家们经常说的一句话。这不仅是因为我们喜欢这种押韵的说法，也是因为除非你先花时间建立共情，否则一切的说教、解释、定规矩和批评都不会让你有任何收获。这一招不只适用于孩子，也适用于伴侣、同事以及我们生命中出现的所有人。回想上一次在你难受时跑来责备你的人，事后诸葛亮似的数落你不该这样做、应该那样做（更有甚者，只告诉你要冷静），他们连招呼都不打，没有任何寒暄，也不会理解你经历了什么。你做何感想？你的情绪缓和了吗？你的思路清晰了吗？你受到启发了吗？

　　这些都是反问句。很明显你没有。

　　共情能改变这一切。共情是能让人冷静下来，理清思路，自信满满地向前看的最高效的方法。但是，共情无法假装，休想随便应付几句就打发对方。一旦你开始胡说八道，孩子们就会察觉，毕竟他们可是这方面的专家。尽管孩子们可能只是下意识地去感受，不一定能表达出自己的所知所想，但是在内心深处他们很清楚，你最后也会察觉到这一点，这样的体验并不好。

　　共情不能假装，更不是强迫出来的。孩子感到沮丧、想要独处时，你却想要抱他，对一个叛逆的少年喋喋不休，想让他和你谈心，这些都不是共情。这些行为只是我们为了缓解自己的焦虑和不适而已,不要自以为是地觉得是在帮孩子解决问题。这就像是成人版的"跟我玩吧,你会不会跟我玩呀,为什么不和我玩啊",在孩子们面前既没有用,又烦人,就像他们这样对你时你也懒得理会一样。

你可以试试以下几种共情的策略:

记住,要保持简单明了、好言好语的沟通方式。家长们总想把所有事情以一种很严肃的方式表现或表达出来,但其实没必要。我们都高估了面对面沟通的效果,尤其是与孩子的交流(源自一个女人在公众面前做职业演讲的启发)。眼神接触会让人更有紧迫感,徒增压力,所以不妨换一种方式。有的孩子愿意身体接触,你可以与他们依偎拥抱;有的孩子可能只需要你陪在身边,不需要任何触碰;有的孩子喜欢聊天;有的孩子更偏向于互动行为,比如涂鸦、做手工、徒步、投篮或抛球等。请记住,此时此刻你需要什么并不重要,重要的是关注并且接受孩子的需求。

如果可以,请你陈述并接受孩子的感受。尽量不要以"我知道你觉得……"的句式开头,听起来如此强势,孩子怎么会向你敞开心扉?不如试试"某件事是不是让你伤心了呀",或者"你的语气听着有点儿……"。你可以用自己的语气来表达,但是,拜托别把自己搞得像个心理医生,孩子们可厌烦了。

别跟孩子说"没事的"。显然,他们有事,不然你也不会将共情的方法用在他们身上。你可以告诉孩子们，他们现在很安全，或者他们会好起来的，或者糟糕的感受不会持续太久。

要让孩子知道，这种情况不只发生在他一个人身上。 你如果也有相似的经历，可以与他分享那段故事。这个故事不一定是你完美解决所有问题、让一切变得很完美，没那么完美可能更容易产生共鸣。重点在于，让孩子知道你也经历过这种事情，他们就会觉得自己也可以熬过来。

记住，既要规范孩子的行为，也要划分行为和感受的界限。 不管孩子多么愤怒，都不准他们拿球棒敲弟弟的头，也不可以把一整碗豆子倒得满地都是。

至于大一点的孩子，正值青春期的青少年们，问问他们是需要你来提供建议，还是只需要你倾听并且尊重他们的想法。如果他们不需要建议，那么就算你的建议是天下无敌、宇宙第一好的建议，能够精准地解决他们的问题，我也劝你咬住舌头闭上嘴，让它们烂在肚子里。

第五步：产生好奇。 好奇是为人父母的一项超能力（如果我们能想起来运用它）。好奇是能让你与孩子产生共情的好办法，能让你搞清楚他们到底经历了什么。而且只有抱着好奇的心态，才能让你在跟孩子聊天时显得不那么唠叨烦人。不请自来的建议和观点总是令人讨厌的，哪怕你说的都对。这就是人性，孩子年龄越大就越是如此。跟孩子说他们所有的感受都是正常的，都会有开始、中间和结束，简直是对牛弹琴（别不信，这可是我作为过来人的经验之谈）。但如果你问他们现在正处于哪个阶段——是刚开始，还是正中间，或者是快结束了——更能勾起他们的倾诉欲。每当以"我想知道如果……会怎么样呢？"开头的问句来引出我们的观点，我们都是在引导孩子与我们交谈，而不是我们单方面的训导。

好奇心会让你受益匪浅，以下几点方法可以帮助你更有效、更投入地练习如何产生好奇心。

首先，启动你的好奇心。 思考以下问题可能对你有所帮助：

· 他们怎么了？他们经历了什么？是否处于成长过渡期？学校里发生了什么事？跟兄弟姐妹还是朋友闹矛盾了？小组活动或者课外活动让他们不愉快了？

· 孩子们是否处于人生重大事件的节点？新学年的开始或结尾？学前班、小学或中学的升学阶段？第一次参加露营？即将到来的生日、节假日，或者其他的重要纪念日？

· 你觉得他们现在是什么感受？是陷入了一种强烈浓郁的情绪，还是在担心害怕什么事呢？

· 他们近几个月是否失去过什么？比如，爷爷或奶奶去世、父母离异、痛失宠物、好朋友搬家。

・他们的身体状况是否良好？是否处于生长高峰期？是否身体不适？是不是饿了、渴了、累了、生病了，或者便秘了？

・他们需要什么？（不要光听他们自己说需要什么，他们还只是孩子，前额叶皮质尚未发育健全，可能还不清楚自己真正需要什么。别生气，虽然这很烦人，但很正常。）

・你能满足他们的需求吗？如果可以，你是否应该满足他们呢？如果你不能或者不想满足他们的需求，那你还能为他们做些什么呢？

不要问"为什么"。

"你为什么这样做？"就是一句废话，但竟然是父母最爱问的一句话。孩子们（成年人也是如此）通常很难准确或诚实地回答这个问题，于是他们要么回一句"我不知道"就闭嘴，要么胡编乱造一个故事给你。其实，你可以通过这样提问来得到答案：

・这件事情发生的时候，你正在做什么呢？
・你当时想要做什么呢？
・你现在感受如何？是难过、生气，还是不知所措呢？
・你还记得当时你在想什么吗？
・你觉得这是怎么一回事呢？

注意一下你是否期待从孩子那儿得到一个特定的回答。

如果你期待，那这就是一场考试，而不是好奇了。如果你感觉自己很想对孩子的表现指指点点，这也不满意那也不满意，甚至想发脾气，那么你恐怕还没有产生好奇。但是没关系，你可以再回到之前的共情或者仁爱阶段，或者让你的伴侣来带一下孩子，抑或是让孩子去看会儿电视，你也可以喝杯茶、歇口气。无论做什么，都好过对孩子的回答随意做出评判。

不要凶巴巴或阴阳怪气地提问。

除非你有百分之百的把握，你和孩子都处于一种平静的状态，彼此共情，而且还有心情开玩笑。否则，凶巴巴或者阴阳怪气只会拉远你和孩子之间的距离，甚至可能会伤到孩子，失去共情和关心他们的机会。

你对孩子好奇，但孩子不一定搭理你。

没关系。有时候孩子也会不想跟你交流，不想被你看穿（这与接受鼓励是不同的感受，所以我需要另外说明），我相信你能理解我的意思。作为父母，我们每天下午六点之后也精疲力竭得不想多说一句话。即便如此也没关系，你还是可以用仁爱消灭那些负面情绪。

第六步：以仁爱消灭负面情绪。 仁爱是无敌的。仁爱是产生共情和好奇心的关键，你随时可以选择仁爱，只要你能做到身心一致。不要误会，我不是要你像特蕾莎修女

（Mother Teresa, 1910—1997）那样的仁爱。（据记载，特蕾莎修女并没有孩子，我只是随口说说。）我的意思是，如果你能达到更高层次的仁爱当然更好，不过大部分人都难以企及。我们所追求的仁爱，不过是在处理日常混乱状况时，不要打击自己或孩子。

你要做的只是把手伸进你的仁爱之箭的箭筒里，抽出你当下感觉正确的那一支，和你的孩子共同应对难题。这种练习毫无技巧和捷径可言，照做即可，而且拔出的每一支仁爱之箭都是发自内心的，能通往共情和好奇。

以下几点可以让你轻松开启练习，你可以随意挑选几条：

吃吃零食，喝喝饮料（字面意义，并非那些厉害的育儿博主们想出来的花里胡哨的代名词）。不是让你教孩子们通过吃吃喝喝来麻痹情绪，而是教他们要注意并且满足身体的需求。这是一种出于本能的仁爱之心，如果你们能一起分享零食就更好啦。

拉伸。让身体动起来，开一场厨房舞会，或者出门散散步，或者坐在地板上一起拉伸。这既能增加彼此的联系，也能让身体更舒适。别忘了，情绪住在我们的身体里，但也不能将它束缚住吧。拉伸和运动可以有效地放松情绪，也能削弱情绪带给我们的影响。

依偎。依偎可以给人充电。

歌曲。放几首歌曲，可以随之翩翩起舞，或者只是安静地聆听。音乐能唤醒情绪，并且让你感受到情绪，有时候也能让你从情绪中脱离。

故事。这就有很多种形式了，你可以讲一个亲身经历的故事，也可以跟孩子共同编一个故事，或者阅读一本故事书。陪孩子看书是永远不会出错的选项——首先，对于筋疲力尽的父母而言，看书需要耗费的脑力相对较少；其次，当不知道该从何开始或者无话可说时，我们从书中总是能找到解惑的答案。别担心找不到合适的好书，你可以带孩子去图书馆、书店，让他们自己选择喜欢的书即可。然后你会惊讶地发觉，他们总是能选到与现状吻合的故事书。

电视节目。选一档你和孩子都喜欢，并且可以一起看的电视节目，最好是依偎在一起共同欣赏。

睡觉。虽然孩子们大都不喜欢睡觉，但睡觉确实有益于身心健康。疲倦的大脑里装满了太多想法，情绪被无限放大，其实唯一的问题在于我们太累了。我的女儿总是想得太多，担惊受怕，紧张兮兮，每当这种时候，我都会跟她说："我们现在太累了，不适合谈论这些事。先去睡个好觉，如果明早醒来你还在担心这些事情，我们再一起想办法解决它。"十有八九，我们最后都不用再谈起那些事。（有一点很重要：如果我觉得这件事有必要谈论，正如冰激凌事件，那么第二天我肯定会再提起。）

希望你能注意到，我没有将"独自使用电子产品的时间"列入策略里。陪孩子一起看电视，完全不同于让孩子独自守着电子屏幕。我的意思是，让孩子使用电子产品消磨时间确实能让父母们喘口气，得以处理自己的事情，尤其是疫情期间，我们从 2020 年 3 月起就困在家中再也没有自己的单独时间。当然这也是完全合情合理的事情。只不过，如果你站在孩子的角度想想，玩电子产品玩到头晕眼花都没人管，这也不是件好事吧。我不是让你完全不让孩子玩平板电脑，只是想提醒你过犹不及，请你随机应变。

第七步：从头再来。我们随时都可以重新开始。给孩子树立榜样，创造重新开始的余地，便是我们能给予的最好的礼物。

KISS 和 SNACKS 策略是练习如何关怀孩子的关键。你可以尝试所有这些策略，也可以只采用其中一种，但你要坚守自己的底线、规则和期望值。女儿因为得不到想吃的饼干而哭闹不止，我会抱着她、安慰她，却不会因此妥协拿出饼干给她吃，你也可以这样做。这样或许会令你感到煎熬，因为你要忍受孩子的不开心和小脾气，而不是顺从他们的心意。但是，这么做你与孩子的关系会更坚固，孩子们也能从中学会技能和策略，提升信心和应变能力，去解决生活中的各种难题。

→ 关怀孩子最后一条至关重要的原则

我曾在本书第七章中提及：练习自我关怀不是为了让我们感觉更良好，而是因为我们感觉很糟糕才需要这么做。两者区别甚微，却至关重要，在关怀孩子时也需要留意。你对孩子所有的关怀都不是为了让他们好起来。这听起来不可思议，但这确实不是你的工作。

我们一起再说一遍：

你的工作不是为了让孩子感觉良好。

作为父母，每当我们把关注点放在孩子的感受如何，以及怎样才能让孩子更开心时，我们就等于给自己找了一大堆麻烦。这相当于妄想让婴儿不哭不闹安睡一整晚，让小宝宝自己去厕所拉便便，或者让叛逆期的孩子听话做点儿事，这些都是你无法控制的事情。你如果非要去尝试控制他们，只会让你精力耗尽，让你焦虑得就像明早就要交作业的五年级小学生一样。没有比试图解决他人的情绪问题更能让人崩溃的事情了，尤其是你自己的孩子情绪激动时，容易对你言语过激，你一不留神也会受其影响，产生强烈的情绪波动，甚至也会恶语伤人。你的工作就是察觉孩子的负面情绪，并怀着仁爱和好奇之心与他们共情。这样做不一定能让他们感觉更好。但我定义的是整体状况更好，只需你陪在孩子身边，这是对大家都好的方式。

→ 关怀孩子的进阶式练习：如果孩子惹怒你，你不要发脾气，要以仁爱之心来回应

就算你在过去的一周里保持清淡的饮食，天天喝康普茶、修养身心，也难免会因为孩子而生气。幸运的是你读过这本书，不会再因为生气而做出过激反应。你会想办法消解愤怒，察觉到自己的情绪正变得激动，然后开启自我关怀模式，度过煎熬的时刻。

这种方法能否让你的心情平复，取决于你的怒气有多大，以及你在过去一周里是否休息得好（因为你肯定没有清淡饮食，也没有喝康普茶）。或许你还是会很生气，想要把孩子重新塞回娘胎。此时，你需要送上一点仁爱。

请深呼吸，在脑海中回想孩子幸福时刻的画面，并默念这几句话：

愿你快乐。

愿你健康。

愿你平安。

愿你生活自在。

愿你吸取前车之鉴，切勿重蹈覆辙。

我不得不说，这绝对是吸引力法则（假装自己能做到就真的能做到），也是完全没问题的。不断地重复这几句话，直到你自己相信它们，或者至少让你感觉自己更冷静、更理智。

▼

请记住最重要的一点：你的工作不是让孩子的情绪变好，而是察觉到孩子的负面情绪，并及时给予关怀。

第九章

结论：
重点回顾，见证奇迹发生

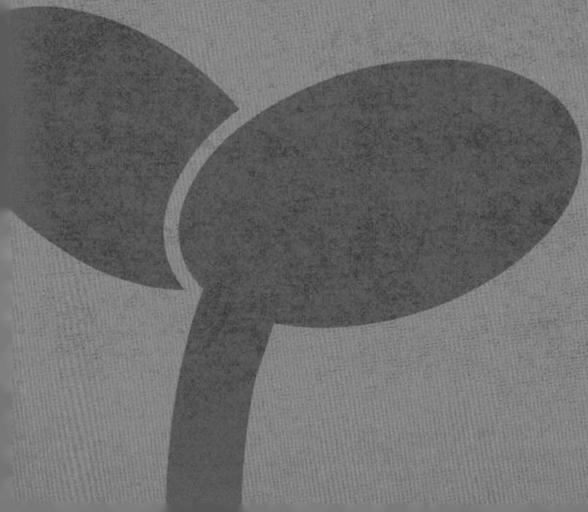

哇！恭喜你通关到了这本育儿书的最后一部分！如已掌握本书的这些技巧，可以略过本章。无论如何你都很棒，值得表扬。

在本书前八章中，我们汲取了大量的信息，这些信息从根本上重塑了我们对待生活和养育子女的思维方式。作为父母，你们的生活无比忙碌，照顾孩子、努力工作、孝敬爹妈、操劳家务……甚至忙得记不住洗衣机里的衣服到底是没洗，还是洗完忘记拿出来了。

有太多事情需要处理，我理解，因为我也有孩子。我敢保证，本书内容都是至关重要的，重要到能让你的生活发生翻天覆地的变化。

好在关怀并非难事。练习得越多，运用起来就越得心应手，你的生活与育儿之路也会变得越来越轻松有趣，这多好啊！如果你偶尔忘了以关怀和仁爱之心善待自己，其实不练习也是另一种自我关怀的机会。这听起来似乎难以置信，但你仔细想一想，也是讲得通的。

但别想太多。说实话，在许多匆匆忙忙的父母（包括我自己）身上，我发现大家都喜欢把所有的事情计划得完美无缺。一旦没能按计划完成，我们就会破罐子破摔。这是不可取的。我们不能因为孩子的家庭作业没做完，或者考试成绩没有获得 A+ 就不让他去上学。这种想法也太荒谬了吧！我知道你不会这样做，因为你也不想孩子天天待在家烦你。

所以，切莫过分苛责自己。

不如花点时间回顾一下本书的重点，并将理论付诸实践。

→ 最重要的几点

- "糟糕父母综合征"是你萌生的一种想法、信念或认知，它会让你认为自己不称职，会让你在育儿之路上瞻前顾后、担惊受怕。
- 生活中的第一支箭必然会让你痛苦，这无法避免。第二支箭会让我们受尽煎熬，随之而来的第三支箭，则让我们否认和回避，虽然这完全是人类面临痛苦时的正常反应，但也让生活和养育孩子充满坎坷、枯燥无味。好消息是，我们有办法避开后两支箭。
- 混乱是常态，是育儿之路的必然结果。混乱不代表我们的育儿能力不足，也不意味着我们哪里做错了。

· 育儿过程中，我们经常要在糟糕和更糟糕的事物之间做出选择，可我们根本不知道哪一个是糟糕的，哪一个更糟糕。我们所能做的就是放手一搏，并在为自己的选择买单的同时，不要忘了关怀自己。

· 自我关怀是要我们练习以关注、共情、好奇和仁爱来回应痛苦，而非孤立、批评、妄自菲薄。

· 自我关怀并非自怜、自暴自弃、自尊、自我提升，也不是想办法让自己摆脱困境。自我关怀是一种强有力的手段，它可以用于应对生活赐予的第一支箭。

· 自我关怀是一项练习，你练习得越多，运用起来就越得心应手。

· 每当我们感受到压力、不知所措时，我们常常会想要退缩：战斗、逃避、冻结、抓狂、讨好和修复。

· 随着自我关怀练习的强化，我们对生活的掌控力也会逐渐增强，对育儿的方式也有了更明确的选择，更富有创造力、更有信心。

· 练习自我关怀并不是为了让自己感受更好。如果我们一心想让自己开心快乐起来，那么潜意识里就会认为痛苦和煎熬是件坏事。事实上，感觉自己很糟糕也是完全正常的。与之相反，我们之所以要自我关怀，是因为我们正处于痛苦和煎熬中，而这些痛苦——所有的痛苦——都值得被善待。痛苦也好，煎熬也罢，都没关系。我们可以在煎熬的同时也照顾好自己。

・你需要注意或者察觉到自己脑中和生活中的混乱，但不受其影响，这是自我关怀的第一步，也是不可或缺的一步。

・共情是消除羞耻的解药。记住，养育孩子对每个人来说都是难事，请尽可能地与爱我们、陪伴在我们身边的人产生共情，这会让难事变得容易。

・好奇心是对生活中发生的一切事感兴趣的能力，并且认真回应它们——这是消除评判的解药。好奇心能让我们平静下来，帮助我们理清生活中大大小小的事情。

・仁爱让我们发自内心地尊重自己，而不是妄自菲薄，你不必做出改变，只需用仁爱的自我关怀回击所有痛苦。

・关怀孩子是个非常高效的办法，既可以帮孩子在最艰难的时刻摆脱困境，同时也能加强你们的亲子关系，教会他们在未来生活中需要运用到的重要技能。

→ 见证奇迹的发生：记住四个缩写词，开启你的自我关怀之旅

我最喜欢用缩写词来记东西了，可以不用纠结太多细

节，所以我在这本书中穿插了不少缩写词。现在我把书中的缩写词汇总于此，希望你被第二支箭重伤时能记起它们，启动自我关怀模式。

KISS：简单明了、好言好语地沟通。不要把事情变得复杂。

SNAFU：我们每个人都会遇到烦心事，不管你觉得自己有多倒霉，都要记住这不过是又一场混乱。就算搞砸了也很正常，大家都会经历倒霉事。

CHAOS：混乱只是生活的一部分，而关怀可以缓解我们的痛苦。

STOP：关注自身处境是自我关怀的第一步。你只需要停止、调整呼吸、观察、勇往直前。

HALT：如果你搞不清楚自己的感受是什么，以及自己需要什么，那么可以问问自己：是不是饿了？有没有生气？觉得孤单吗？还是感到疲惫？

CALM：你的身体能直观地反映你的状态。检查你的胸部、手臂、腿，以及头脑的状况，也是对自己身体产生好奇的好办法。

SNACKS：当感到痛苦或煎熬时，你可以试试 SNACKS。

停止你手头的一切工作，

注意当下的情况，

接受事实（而不是抗拒它），

与大部分人或者真实的人产生共情，
对你的过往经历产生好奇，
务必要善待自己。
哦，还有一点别忘了！你随时都可以从头再来。

→ 还有一些好书可以教你关怀自己和孩子

有千百种自我关怀的说法和想法，以及练习的方法，但是最重要的是，你要找到满足自己喜好且适合自己的书籍、老师或者播客。我列出了许多自我关怀以及育儿方面的书籍，希望能给你提供一些好的建议，它们不会加重你的羞耻感和不自信。再重复一遍，任何书让你感觉不舒服了——勾起了你心中的第二支箭，就赶紧把它扔掉。不要继续读下去，也别在乎你花了多少钱买来的。如果你感觉不舒服，有问题的是书，而不是你。

自我关怀推荐书目：

《做人真难：自我关怀的艺术》（*The Difficult Thing of Being Human: The Art of Self-Compassion*），作者：博大帕克萨（Bodhipaksa）

《通往自我关怀之路：从毁灭性的思想和情绪中解放自我》（*The Mindful Path to Self-Compassion: Freeing Yourself* from Destructive Thoughts and Emotions》，作者：克里斯托弗·杰默（Christopher Germer）

《自我关怀：对自己仁爱的力量》（Self-Compassion: The Proven Power of Being Kind to Yourself），作者：克里斯汀·内夫（Kristin Neff）

《为人父母的自我关怀：照顾好自己才能照顾好孩子》（Self-Compassion for Parents: Nurture Your Child by Caring for Yourself），作者：苏珊·波拉克（Susan Pollack）

《真正的爱：心连心的艺术》（Real Love: The Art of Mindful Connection），作者：莎伦·萨尔茨伯格（Sharon Salzberg）

《如何善待自己：日常自我关怀指南》（How to Be Nice to Yourself: The Everyday Guide to Self-Compassion），作者：劳拉·希尔伯斯坦-蒂奇（Laura Silberstein-Tirch）

育儿推荐书目：

《养育好孩子：打破反应性养育的怪圈，培养善良、自信的孩子》（Raising Good Humans: A Mindful Guide to Breaking the Cycle of Reactive Parenting and Raising Kind, Confident Kids），作者：亨特·克拉克-菲尔兹（Hunter Clarke-Fields）

《狩猎、聚集、育儿：从古文化中寻找缺失的养育孩子的快乐》（Hunt, Gather, Parent: What Ancient Cultures Can Tell Us About the Lost Art of Raising Happy, Helpful Little Humans），作

者：迈克琳·杜克莱夫（Michaeleen Doucleff）

《父母情绪自救指南》（*How To Stop Losing Your Sh*t With Your Kids: A Practical Guide to Becoming a Calmer, Happier Parent*），作者：卡拉·瑙姆伯格（Carla Naumburg）

《准备，调整，呼吸：与孩子共同练习正念，让家庭更和睦》（*Ready, Set, Breathe: Practicing Mindfulness with Your Children for Fewer Meltdowns and a More Peaceful Family*），作者：卡拉·瑙姆伯格（Carla Naumburg）

《为母则刚——如何从怀孕到为人父母一直保持健康、快乐和理智（最为重要）：关怀自身的唯一指南！》[*Strong as a Mother: How to Stay Healthy, Happy, and (Most Importantly) Sane from Pregnancy to Parenthood: The Only Guide to Taking Care of YOU!*]，作者：凯特·罗普（Kate Rope）

《纯粹享乐和毫无乐趣：现代父母的悖论》（*All Joy and No Fun: The Paradox of Modern Parenthood*），作者：老詹妮弗（Jennifer Senior）

《正念原则：设定边界，培养高情商孩子》（*Mindful Discipline: A Loving Approach to Setting Limits and Raising an Emotionally Intelligent Child*），作者：肖娜·夏皮罗和克里斯·怀特（Shauna Shapiro and Chris White）